한글

문해력 첫 한자 漢字

전기현 지음 · 꽃비 그림

3
8~9세

카시오페아
Cassiopeia

문해력의 기초와
공부의 바탕이 되는 첫 한자

　모든 공부의 기초와 뿌리에는 '어휘력'이 자리하고 있습니다. 이 어휘력으로부터 아이들의 학습 이해가 시작되고 생각의 표현도 무궁무진해질 수 있지요. 게다가 어휘력은 글을 읽고 의미를 이해하는 능력인 '문해력'의 시작점이기도 하기에 그 중요성이 다른 무엇보다도 크다고 할 수 있습니다. 그런데 최근 우리 아이들의 국어 사용 모습을 보면 낱말을 그릇되게 사용하거나, '대박'과 같은 하나의 표현으로 여러 낱말을 대체하는 경우를 많이 목격할 수 있습니다. 문제는 이러한 어휘력 빈곤 현상이 일상생활은 물론, 수업 시간의 공부에도 지장을 준다는 점에 있습니다.

　우리말에는 수많은 한자가 녹아들어 있습니다. 절반을 훨씬 넘는 어휘가 한자어일 정도로 어휘력은 '한자'와 떼려야 뗄 수 없는 관계를 맺고 있습니다. 우리의 말과 글의 표현이 한글로 되어 있다고 해도, 뜻은 대부분 한자로 이루어져 있기에 한자를 알아야 제대로 뜻을 파악할 수 있습니다. 널리 알려졌듯 한글은 세계적으로 뛰어난 글자입니다. 덕분에 우리말과 한글만으로도 일상생활에 전혀 어려움이 없지요. 하지만 한글만 알아서는 제대로 공부하기가 어렵습니다. 한글이 그 자체로 뜻을 품고 있지는 않기 때문입니다. 아이들이 교실에서 만나는 실제 교과 관련 개념어의 대부분은 한자어에서 비롯되었습니다. 그래서 아이들이 개념어를 읽고 쓸 수는 있어도 그 뜻을 이해하는 데 어려움을 겪을 때가 많습니다. 가령 '서해(西海)'가 '서쪽으로 지는 해'인 줄 알고 문맥을 이해하거나, '용해(溶解)'의 뜻을 그저 대충 짐작만 하고 넘어가 깊이 이해하지 못하는 경우가 일어나곤 합니다.

하루는 수업을 진행하다가 '다른 나라로 망명하는 사람들이 늘어났습니다'라는 문장을 가르치게 되었습니다. 그때 '망명'이라는 낱말을 아는 아이들이 얼마나 되었을까요? 안타깝게도 대다수가 정확한 뜻을 모르고 있었습니다. '망(亡)'의 뜻이 '달아나다'라는 것을 추측한 아이는 있었어도, '명(命)'의 뜻을 정확히 아는 아이는 없었지요. '명(命)'이 '목숨'을 뜻하고 '망명'의 속뜻이 '달아나(亡) 목숨(命)을 유지함'임을 알았을 때 비로소 아이들은 고개를 끄덕였습니다.

이처럼 한자를 안다는 것은 어휘력을 키우는 데 있어 매우 효과적입니다. 모든 교과 공부의 바탕이 되는 어휘력, 그리고 문해력을 기를 수 있는 기초가 되기에 한자 학습은 필수적이라 할 수 있습니다. 한자를 접해 본 아이들 역시 이 필요성을 스스로 인식하곤 합니다. 자신들의 이름이나 국어, 사회 등의 교과명이 모두 한자어라는 사실을 알고는 무척 놀라기도 하지요.

한자 공부의 필요성은 '동음이의어'가 많은 우리말의 특성에서도 찾을 수 있습니다. '의사'만 하더라도 사람의 병을 치료하는 '의사(醫師)', 의로운 지사를 가리키는 '의사(義士)', 무엇을 하고자 하는 생각을 뜻하는 '의사(意思)' 등 여러 가지가 있지요. 이러한 동음이의어의 구별은 문맥의 흐름만이 아닌, 한자로 그 속뜻을 파악할 때 제대로 이루어질 수 있습니다.

그렇다면 한자는 어떻게 익혀야 할까요? 그저 모양을 따라 쓰고 외워서는 안 됩니다. 한자 학습이 유의미하려면 '자원(字源)'과 연결된 이미지 학습과 한자어가 포함된 문장을 익히는 과정이 필요합니다. 다년간 제가 교실에서 직접 아이들을 지도한 결과, 다음의 단계에 따른 점층적인 한자 학습은 놀라운 성취로 이어졌습니다.

1단계 한자의 자원을 통한 '뜻'과 '소리' 정확히 알기

2단계 한자를 필순에 따라 바르게 쓰기

3단계 한자가 포함된 낱말을 익히고 짧은 문장 속에서 낱말 찾기

이와 같은 3단계 과정을 통해 아이들의 어휘력은 점진적으로 높아졌습니다. 어휘에 자신감을 가지는 아이들이 많아졌고, 문해력 또한 자연스럽게 길러져 독서를 즐겨 하는 아이들, 교과 공부에서 우수한 성적을 거두는 아이들이 많아졌습니다.

이 책에는 그 교육 연구와 실천 내용이 반영되어 있습니다. 우리 아이들이 어휘력과 문해력의 두 열매를 얻기를 바라는 마음으로 3단계 점층 학습법을 충실히 담았습니다. 주제와 난이도에 따라 총 세 권으로 나누어진 시리즈의 세 번째 책인 『한 권으로 끝내는 문해력 첫 한자 3단계 8~9세』는 우리가 사는 '마을'로부터 시작해 '나라'까지 이어지는 흐름 속에서 '배움'과 '가치' 등을 익힐 수 있도록 구성했습니다.

이 책과 함께라면 분명 아이의 어휘 자신감이 커질 수 있을 것입니다. 더 나아가 한자 어휘가 들어간 문장을 익히며 문해력 또한 눈에 띄게 성장할 수 있을 것입니다. 부모님께서는 아이가 책과 함께하며 한 단계, 한 단계 올라설 때마다 많은 격려를 아이에게 건네주세요. 부모님의 작은 칭찬과 관심 하나가 우리 친구들이 한자와 친해지는 시간을 앞당길 것입니다. 아이가 배우는 한자가 담긴 낱말로 끝말잇기, 낱말 다섯 고개 등의 놀이를 하는 것도 관심의 좋은 표현입니다. 그리고 아이가 배운 한자를 직접 설명하도록 유도하는 것도 대화의 좋은 주제가 된답니다. 아무쪼록 아이가 포기하지 않고 꾸준히 한자를 익힐 수 있도록 아이의 배움에 계속 관심을 기울여 주세요. 그렇게 될 때 우리 아이가 모든 교과 공부의 기초가 되는 어휘력과 문해력, 더 나아가 공부 자신감을 튼튼히 갖출 수 있을 것입니다.

지금 이 책을 손에 들고 있는 아이와 부모님에게 깊은 감사의 마음을 전하며, 한자 학습의 소중한 첫 시작을 진심을 담아 힘차게 응원합니다.

차례

이 책의 활용법

『한 권으로 끝내는 문해력 첫 한자』를 공부하며 이것만은 지켜 주세요

- 아이가 한자와 친숙해질 수 있도록 격려와 칭찬을 아끼지 마세요. 한자와 한글이 서로 돕는 관계라는 것을 스스로 느낄 때 학습 효과는 더욱 커진답니다.
- 되도록 아이와 '함께' 이 책을 활용해 주세요. 이 책과 함께라면 공부 시간이 즐거운 추억이 될 수 있을 거예요.
- 시간에 쫓기지 마세요. 여유로운 태도는 즐기는 공부를 가능하게 합니다.
- 한자를 쓰는 순서를 스스로 익힐 수 있게 하되, 아이가 잘 쓸 수 있도록 옆에서 직접 최대한 지도해 주세요. 필순을 제대로 익히면 한자를 잘 기억할 수 있답니다.
- 새로 익힌 한자를 일상에서 반복적으로 사용해 주세요. 새로 익힌 한자를 낱말이나 문장 속에서 자주 접한다면 더욱 분명하게 기억할 수 있을 것입니다.

1단계 또박또박 읽기

1단계 또박또박 읽기는 아이가 한자의 모양, 뜻, 소리 이렇게 3가지 구성 요소를 입체적으로 배우는 과정입니다. 아이가 한자의 모양과 그 한자를 나타낸 그림을 살펴본 후, 자연스럽게 뜻과 소리를 익히도록 해 주세요. 그다음에 뜻, 소리, 뜻+소리를 각각 3번씩 읽고 색칠해 보면서 성취감을 느끼게끔 지도하면 성공적으로 1단계를 마무리할 수 있습니다.

공부할 한자의 주제, 부수, 급수를 확인합니다.

하루에 2개의 한자를 배우고 익힙니다.
그림과 함께 한자의 모양, 뜻, 소리를 살펴봅니다.

뜻, 소리, 뜻+소리를 각각 읽고 나서 색칠합니다.
다 색칠하고 나면 성취감을 느낄 수 있습니다.

2단계 차근차근 쓰기, 3단계 두근두근 어휘력 키우기

2단계 차근차근 쓰기는 한자를 쓰기로 약속한 순서인 '필순'에 따라 써 보는 과정입니다. 한자의 총 획수를 확인한 후, 순서에 따라 차례대로 쓰면 됩니다. 더불어 한자의 모양뿐만 아니라 뜻과 소리까지 쓰면서 익힐 수 있도록 지도해 주세요. 이어서 3단계 두근두근 어휘력 키우기는 다양한 문장을 통해 한자가 들어간 낱말을 배우는 과정입니다. 3가지 방식으로 낱말을 학습하며 어휘력과 문해력을 동시에 키울 수 있습니다.

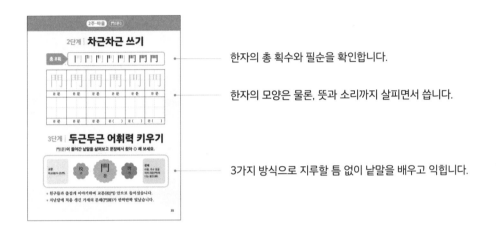

한자의 총 획수와 필순을 확인합니다.

한자의 모양은 물론, 뜻과 소리까지 살피면서 씁니다.

3가지 방식으로 지루할 틈 없이 낱말을 배우고 익힙니다.

룰루랄라 놀이

아이가 5일간 10개에 해당하는 한자 공부를 마친 후, 놀이를 통해 스스로 복습할 수 있는 장을 마련했습니다. 놀이의 힘을 학습에 적용함으로써 보다 즐거운 한자 공부를 경험해 보세요.

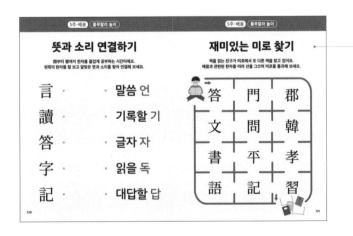

연결하기, 짝짓기, 미로 찾기 등
다양한 놀이 활동으로 신나고 재미있게
복습할 수 있습니다.

보너스 영상
QR 코드를 스캔해 전기현 선생님이
직접 설명하는 책 소개를 만나 보세요.

보너스 부록
QR 코드를 스캔해 한자의 3요소,
한자를 쓰는 순서, 답안지를 확인하세요.

최고 멋쟁이 _____ (이)의
한 권 끝 계획표

- 총 6주 42일, 이 책을 공부하는 동안 아이가 사용하는 한 권 끝 계획표입니다.

- 한 권 끝 계획표를 사용하기 전, 가장 먼저 상단 제목 빈칸에 아이가 직접 자신의 이름을 쓰도록 지도해 주세요. 책임감을 기르고 자기 주도 학습의 출발점이 됩니다.

- 아이가 한 권 끝 계획표를 야무지게 활용할 수 있도록 다음과 같이 지도해 주세요.

  ❶ 공부를 시작하기 전, 한 권 끝 계획표에 공부 날짜를 씁니다.

  ❷ 공부 날짜를 쓴 다음, 공부 내용과 쪽수를 스스로 확인합니다.

  ❸ 책장을 넘겨서 신나고 즐겁게 그날의 내용을 공부합니다.

  ❹ 공부를 마친 후, 다시 한 권 끝 계획표를 펼쳐 공부 확인에 표시합니다.

- 한 권 끝 계획표의 공부 확인에는 공부를 잘 마친 아이가 느낄 수 있는 감정을 그림으로 담았습니다. 그날의 공부를 마친 아이가 ⭐(신남), 🖤(설렘), 😊(기쁨)을 살펴보고 표시하면서 성취감을 느낄 수 있도록 많이 격려하고 칭찬해 주세요.

1주-동물

	공부 날짜		공부 내용	쪽수	공부 확인
1일	월	일	動(동) 物(물)	12~15쪽	⭐ ❤️ 😊
2일	월	일	牛(우) 犬(견)	16~19쪽	⭐ ❤️ 😊
3일	월	일	馬(마) 羊(양)	20~23쪽	⭐ ❤️ 😊
4일	월	일	鳥(조) 蟲(충)	24~27쪽	⭐ ❤️ 😊
5일	월	일	魚(어) 龍(용)	28~31쪽	⭐ ❤️ 😊
6일	월	일	룰루랄라 놀이	32~33쪽	⭐ ❤️ 😊
7일	월	일	오늘은 신나게 놀아요 😊		

2주-마을

	공부 날짜		공부 내용	쪽수	공부 확인
8일	월	일	門(문) 里(리)	34~37쪽	⭐ ❤️ 😊
9일	월	일	洞(동) 邑(읍)	38~41쪽	⭐ ❤️ 😊
10일	월	일	郡(군) 市(시)	42~45쪽	⭐ ❤️ 😊
11일	월	일	道(도) 都(도)	46~49쪽	⭐ ❤️ 😊
12일	월	일	農(농) 村(촌)	50~53쪽	⭐ ❤️ 😊
13일	월	일	룰루랄라 놀이	54~55쪽	⭐ ❤️ 😊
14일	월	일	오늘은 신나게 놀아요 😊		

3주-나라

공부 날짜			공부 내용	쪽수	공부 확인
15일	월	일	韓(한) 國(국)	56~59쪽	⭐ ❤️ 😊
16일	월	일	內(내) 外(외)	60~63쪽	⭐ ❤️ 😊
17일	월	일	世(세) 王(왕)	64~67쪽	⭐ ❤️ 😊
18일	월	일	臣(신) 軍(군)	68~71쪽	⭐ ❤️ 😊
19일	월	일	民(민) 族(족)	72~75쪽	⭐ ❤️ 😊
20일	월	일	룰루랄라 놀이	76~77쪽	⭐ ❤️ 😊
21일	월	일	오늘은 신나게 놀아요 😊		

4주-가치

공부 날짜			공부 내용	쪽수	공부 확인
22일	월	일	正(정) 直(직)	78~81쪽	⭐ ❤️ 😊
23일	월	일	孝(효) 心(심)	82~85쪽	⭐ ❤️ 😊
24일	월	일	平(평) 安(안)	86~89쪽	⭐ ❤️ 😊
25일	월	일	善(선) 惡(악)	90~93쪽	⭐ ❤️ 😊
26일	월	일	有(유) 無(무)	94~97쪽	⭐ ❤️ 😊
27일	월	일	룰루랄라 놀이	98~99쪽	⭐ ❤️ 😊
28일	월	일	오늘은 신나게 놀아요 😊		

5주-배움

	공부 날짜		공부 내용	쪽수	공부 확인
29일	월	일	問(문) 答(답)	100~103쪽	⭐ ❤️ 😊
30일	월	일	言(언) 語(어)	104~107쪽	⭐ ❤️ 😊
31일	월	일	文(문) 字(자)	108~111쪽	⭐ ❤️ 😊
32일	월	일	讀(독) 書(서)	112~115쪽	⭐ ❤️ 😊
33일	월	일	記(기) 習(습)	116~119쪽	⭐ ❤️ 😊
34일	월	일	룰루랄라 놀이	120~121쪽	⭐ ❤️ 😊
35일	월	일	오늘은 신나게 놀아요 😊		

6주-색깔

	공부 날짜		공부 내용	쪽수	공부 확인
36일	월	일	色(색) 黑(흑)	122~125쪽	⭐ ❤️ 😊
37일	월	일	白(백) 赤(적)	126~129쪽	⭐ ❤️ 😊
38일	월	일	朱(주) 紅(홍)	130~133쪽	⭐ ❤️ 😊
39일	월	일	黃(황) 綠(녹)	134~137쪽	⭐ ❤️ 😊
40일	월	일	玉(옥) 靑(청)	138~141쪽	⭐ ❤️ 😊
41일	월	일	룰루랄라 놀이	142~143쪽	⭐ ❤️ 😊
42일	월	일	오늘은 신나게 놀아요 😊		

1단계 ┊ 또박또박 읽기

뜻 움직일　**소리** 동

動(동)은 '움직이다' 또는 '옮기다'를 뜻해요.

또박또박 읽고 색칠해 보세요.

뜻	소리	뜻+소리
動	動	動
움직일	동	움직일 동
○○○	△△△	□□□

2단계 : 차근차근 쓰기

총 11획 動動動動動動動動動動動

動	動	動	動	動	動
움직일 동	움직일 동	움직일 동	움직일 동	움직일 동	움직일 동
움직일 동	움직일 동	움직일 동	움직일 ( )	움직일 ( )	움직일 ( )

3단계 : 두근두근 어휘력 키우기

動(동)이 들어간 낱말을 살펴보고 문장에서 찾아 ○ 해 보세요.

감동
크게 느끼어(感)
마음이 움직임(動).

感
감

動
동

作
작

동작
움직여(動) 만듦(作).
몸을 움직임.

◆ 친구가 쓴 시를 읽고 깊이 감동(感動)하였습니다.

◆ 선생님을 따라 춤 동작(動作)을 재미있게 익혔습니다.

1단계 : 또박또박 읽기

뜻 물건	소리 물

物(물)은 '물건' 또는 온갖 물건을 가리키는 '만물'을 뜻해요.

또박또박 읽고 색칠해 보세요.

뜻	소리	뜻+소리
物	物	物
물건	물	물건 물
○○○	△△△	□□□

2단계 : **차근차근 쓰기**

총 8획 → 物 物 物 物 物 物 物 物

物	物	物	物	物	物
물건 물	물건 물	물건 물	물건 물	물건 물	물건 물
물건 물	물건 물	물건 물	물건 ( )	물건 ( )	물건 ( )

3단계 : **두근두근 어휘력 키우기**

物(물)과 다른 글자가 합쳐진 낱말을 보고 문장에서 찾아 ○ 해 보세요.

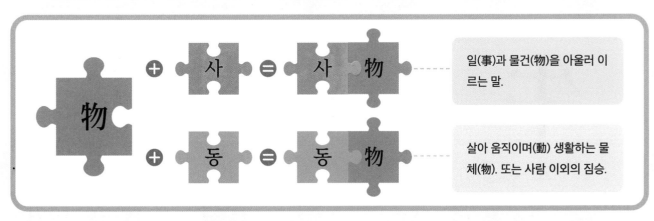

物 + 사 = 사 物 ······ 일(事)과 물건(物)을 아울러 이르는 말.

物 + 동 = 동 物 ······ 살아 움직이며(動) 생활하는 물체(物). 또는 사람 이외의 짐승.

❋ 공부를 하면 사물(事物)을 올바르게 보는 눈을 기를 수 있습니다.

❋ 동물(動物)과 식물은 모두 살아 있는 소중한 생명체입니다.

1단계 : 또박또박 읽기

牛

뜻 소　　소리 우

牛(우)는 옛날부터 사람에게 친숙한 동물인 '소'를 뜻해요.

또박또박 읽고 색칠해 보세요.

뜻	소리	뜻+소리

소	우	소 우
○○○	△△△	□□□

2단계 : **차근차근 쓰기**

총 4획

牛 牛 牛 牛

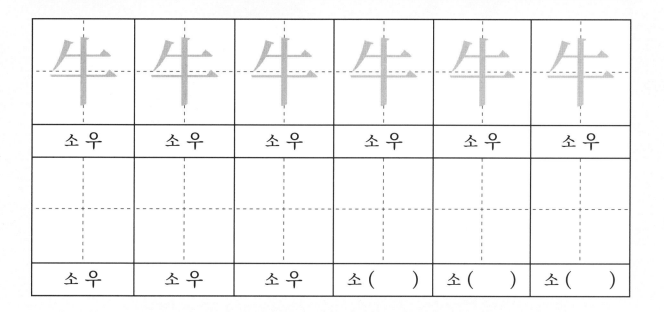

牛	牛	牛	牛	牛	牛
소 우	소 우	소 우	소 우	소 우	소 우
소 우	소 우	소 우	소 (　　)	소 (　　)	소 (　　)

3단계 : 두근두근 어휘력 키우기

牛(우)가 들어간 문장이 자연스럽게 이어지도록 선을 그어 보세요.

신선한 우유(牛乳)를	•	•	컵에 따라 마셨습니다.
가족과 함께 맛있는	•	•	한우(韓牛) 고기를 먹었습니다.

· 우유(牛乳): 소(牛)의 젖(乳).
· 한우(韓牛): 한국(韓)에서 태어나고 자라난 소(牛).

1단계 또박또박 읽기

犬
뜻 개　소리 견

犬(견)은 사람을 잘 따르는 동물인 '개'를 뜻해요.

또박또박 읽고 색칠해 보세요.

뜻
犬
개
○ ○ ○

소리
犬
견
△ △ △

뜻+소리
犬
개 견
□ □ □

2단계 : **차근차근 쓰기**

총 4획 ▶ 犬 犬 犬 犬

犬	犬	犬	犬	犬	犬
개 견	개 견	개 견	개 견	개 견	개 견
개 견	개 견	개 견	개 ( )	개 ( )	개 ( )

3단계 : **두근두근 어휘력 키우기**

犬(견)이 들어간 낱말을 살펴보고 문장에서 찾아 ○ 해 보세요.

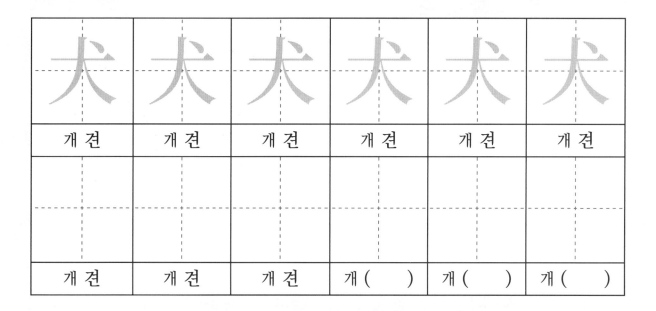

반려견
마음을 주고받는 짝
(伴侶)처럼 가까이
함께하는 개(犬).

伴侶
반려

犬
견

愛
애

애견
개(犬)를 사랑하는
(愛) 마음과 행동.
또는 그런 개.

※ 따뜻한 봄을 맞아 반려견(伴侶犬)을 데리고 산책을 나갔습니다.
※ 친구가 애견(愛犬)을 품에 안고 반갑게 인사하였습니다.

1단계 : 또박또박 읽기

뜻 말	소리 마

馬(마)는 빠르게 잘 달리는 동물인 '말'을 뜻해요.

또박또박 읽고 색칠해 보세요.

뜻	소리	뜻+소리

馬
말
○○○

馬
마
△△△

馬
말 마
□□□

2단계 : 차근차근 쓰기

총 10획 馬 馬 馬 馬 馬 馬 馬 馬 馬 馬

馬	馬	馬	馬	馬	馬
말 마	말 마	말 마	말 마	말 마	말 마
말 마	말 마	말 마	말 ( )	말 ( )	말 ( )

3단계 : 두근두근 어휘력 키우기

馬(마)와 다른 글자가 합쳐진 낱말을 보고 문장에서 찾아 ○ 해 보세요.

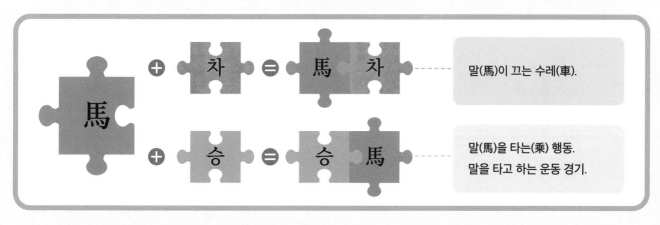

馬 + 차 = 馬 차 …… 말(馬)이 끄는 수레(車).

馬 + 승 = 승 馬 …… 말(馬)을 타는(乘) 행동.
말을 타고 하는 운동 경기.

❋ 짐을 잔뜩 실은 마차(馬車)가 언덕을 힘겹게 올라갔습니다.

❋ 주말에 가족과 함께 승마(乘馬) 체험을 하였습니다.

1단계 : 또박또박 읽기

뜻 양   소리 양

羊(양)은 온몸에 보송보송 털이 가득한 동물인 '양'을 뜻해요.

또박또박 읽고 색칠해 보세요.

뜻	소리	뜻+소리
	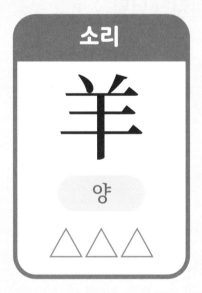	
양	양	양 양
○○○	△△△	□□□

2단계 : **차근차근 쓰기**

총 6획 ▶ 羊 羊 羊 羊 羊 羊

羊	羊	羊	羊	羊	羊
양 양	양 양	양 양	양 양	양 양	양 양
양 양	양 양	양 양	양 ( )	양 ( )	양 ( )

3단계 : **두근두근 어휘력 키우기**

羊(양)이 들어간 문장이 자연스럽게 이어지도록 선을 그어 보세요.

저 멀리 산양(山羊) •

• 이불을 덮고 잠이 들었습니다.

따뜻한 양모(羊毛) •

• 한 마리가 보였습니다.

· 산양(山羊): 산(山)에서 사는 양(羊).
· 양모(羊毛): 양(羊)의 털(毛).

1단계 : **또박또박 읽기**

鳥

뜻 새　소리 조

鳥(조)는 날개를 가진 동물인 '새'를 뜻해요.

또박또박 읽고 색칠해 보세요.

뜻	소리	뜻+소리

鳥	鳥	鳥
새	조	새 조
○○○	△△△	□□□

2단계 : **차근차근 쓰기**

총 11획 ▶ 鳥鳥鳥鳥鳥鳥鳥鳥鳥鳥鳥

鳥	鳥	鳥	鳥	鳥	鳥
새 조	새 조	새 조	새 조	새 조	새 조
새 조	새 조	새 조	새 ( )	새 ( )	새 ( )

3단계 : **두근두근 어휘력 키우기**

鳥(조)가 들어간 낱말을 살펴보고 문장에서 찾아 ○ 해 보세요.

불사조
죽지(死) 않는(不) 전설의 새(鳥). 어떤 어려움도 이겨 내려는 사람을 가리키는 말.

不死
불사

鳥
조

類
류

조류
새(鳥)의 특징을 가진 동물의 종류(類).

* 우리 팀은 마치 불사조(不死鳥)처럼 끝까지 힘을 냈습니다.
* 새에 관심이 많아 조류(鳥類)에 관한 책을 많이 읽었습니다.

1단계 : **또박또박 읽기**

뜻 **벌레** | 소리 **충**

蟲(충)은 여러 마리의 애벌레를 나타낸 글자로, '벌레'를 뜻해요.

또박또박 읽고 색칠해 보세요.

뜻	소리	뜻+소리
蟲	蟲	蟲
벌레	충	벌레 충
○○○	△△△	□□□

2단계 : 차근차근 쓰기

총 18획

蟲 蟲 蟲 蟲 蟲 蟲 蟲 蟲 蟲 蟲 蟲
蟲 蟲 蟲 蟲 蟲 蟲 蟲

蟲	蟲	蟲	蟲	蟲	蟲
벌레 충	벌레 충	벌레 충	벌레 충	벌레 충	벌레 충
벌레 충	벌레 충	벌레 충	벌레 ( )	벌레 ( )	벌레 ( )

3단계 : 두근두근 어휘력 키우기

蟲(충)과 다른 글자가 합쳐진 낱말을 보고 문장에서 찾아 ○ 해 보세요.

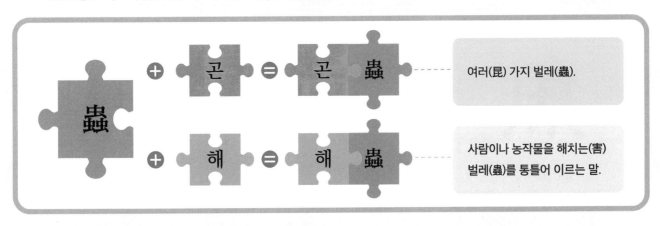

蟲 + 곤 = 곤 蟲 —— 여러(昆) 가지 벌레(蟲).

蟲 + 해 = 해 蟲 —— 사람이나 농작물을 해치는(害) 벌레(蟲)를 통틀어 이르는 말.

❋ 곤충(昆蟲) 박물관에서 사슴벌레와 장수풍뎅이를 만났습니다.

❋ 해충(害蟲)을 없애기 위해 사람들이 노력하고 있습니다.

1단계 : 또박또박 읽기

魚

| 뜻 물고기 | 소리 어 |

魚(어)는 물속에 사는 '물고기'를 뜻해요.

또박또박 읽고 색칠해 보세요.

뜻	소리	뜻+소리
魚	魚	魚
물고기	어	물고기 어
○○○	△△△	□□□

2단계 : **차근차근 쓰기**

총 11획 ▶ 魚 魚 魚 魚 魚 魚 魚 魚 魚 魚 魚

魚	魚	魚	魚	魚	魚
물고기 어	물고기 어	물고기 어	물고기 어	물고기 어	물고기 어
물고기 어	물고기 어	물고기 어	물고기 ( )	물고기 ( )	물고기 ( )

3단계 : **두근두근 어휘력 키우기**

魚(어)가 들어간 문장이 자연스럽게 이어지도록 선을 그어 보세요.

| 인어(人魚) 공주가 | • | • | 드디어 왕자를 만났습니다. |

| 금붕어들이 | • | • | 어항(魚缸) 속에서 헤엄쳤습니다. |

· 인어(人魚): 허리 위쪽은 사람(人)의 몸이고, 아래쪽은 물고기(魚)의 몸인 상상의 동물.
· 어항(魚缸): 물고기(魚)를 기르는 데 사용하는 항아리(缸).

1단계 : **또박또박 읽기**

뜻 용	소리 용

龍(용)은 상상 속의 동물인 '용'을 뜻해요.

또박또박 읽고 색칠해 보세요.

뜻	소리	뜻+소리

용	용(룡)	용 용
○○○	△△△	□□□

2단계 : **차근차근 쓰기**

총 16획 ▶ 龍龍龍龍龍龍龍龍龍龍龍
龍龍龍龍龍

龍	龍	龍	龍	龍	龍
용 용	용 용	용 용	용 용	용 용	용 용
용 용	용 용	용 용	용 ( )	용 ( )	용 ( )

3단계 : **두근두근 어휘력 키우기**

龍(용)이 들어간 낱말을 살펴보고 문장에서 찾아 ○ 해 보세요.

공룡
두려운(恐) 용(龍).
아주 오랜 옛날에
살다가 사라진
거대한 동물.

恐
공

龍
용

宮
궁

용궁
옛이야기에 나오는
바닷속 용(龍)왕의
궁전(宮).

◆ 거대한 공룡(恐龍)이 먹이를 찾고 있었습니다.

◆ 토끼가 꾀를 부려 용궁(龍宮)을 빠져나왔습니다.

뜻과 소리 연결하기

動부터 龍까지 한자를 즐겁게 공부하는 시간이에요.
왼쪽의 한자를 잘 보고 알맞은 뜻과 소리를 찾아 연결해 보세요.

動 •	• 물건 물
鳥 •	• 개 견
犬 •	• 움직일 동
蟲 •	• 벌레 충
物 •	• 새 조

그림과 한자 짝짓기

動부터 龍까지는 동물과 관련된 한자예요.
그림을 잘 살펴보고 알맞은 한자를 찾아 연결해 보세요.

  牛

  龍

  魚

  馬

 羊

1단계 : 또박또박 읽기

뜻 문　소리 문

門(문)은 안과 밖을 드나들도록 만든 '문'을 뜻해요.

또박또박 읽고 색칠해 보세요.

2단계 : **차근차근 쓰기**

총 8획 門 門 門 門 門 門 門 門

門	門	門	門	門	門
문 문	문 문	문 문	문 문	문 문	문 문
문 문	문 문	문 문	문 ( )	문 ( )	문 ( )

3단계 : **두근두근 어휘력 키우기**

門(문)이 들어간 낱말을 살펴보고 문장에서 찾아 ○ 해 보세요.

교문
학교(校)의 문(門).

校
교

門
문

牌
패

문패
이름, 주소 등을
적어 대문(門)에
다는 물건(牌).

• 친구들과 즐겁게 이야기하며 교문(校門) 안으로 들어섰습니다.
• 지난달에 처음 생긴 가게의 문패(門牌)가 반짝반짝 빛났습니다.

1단계 : 또박또박 읽기

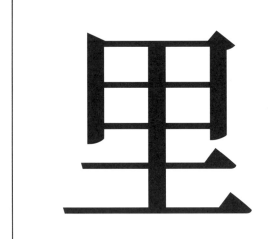

뜻 마을   소리 리

里(리)는 '마을' 또는 행정 구역과 거리의 단위인 '리'를 뜻해요.

또박또박 읽고 색칠해 보세요.

뜻	소리	뜻+소리
里	里	里
마을	리(이)	마을 리

2단계 : **차근차근 쓰기**

총 7획 ▶ 里 里 里 里 里 里 里

里	里	里	里	里	里
마을 리	마을 리	마을 리	마을 리	마을 리	마을 리
마을 리	마을 리	마을 리	마을 ( )	마을 ( )	마을 ( )

3단계 : **두근두근 어휘력 키우기**

里(리)와 다른 글자가 합쳐진 낱말을 보고 문장에서 찾아 ○ 해 보세요.

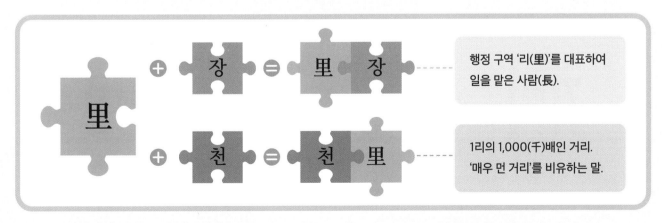

里 + 장 = 里 장 …… 행정 구역 '리(里)'를 대표하여 일을 맡은 사람(長).

里 + 천 = 천 里 …… 1리의 1,000(千)배인 거리. '매우 먼 거리'를 비유하는 말.

∗ 그는 마을 사람들을 위해 열심히 일하는 이장(里長)입니다.

∗ 그녀는 천 리(千里)의 길도 마다하지 않고 꿈을 향해 떠났습니다.

1단계 : 또박또박 읽기

뜻 마을   **소리** 동

洞(동)은 '마을', '골짜기', 또는 행정 구역인 '동'을 뜻해요.

또박또박 읽고 색칠해 보세요.

뜻	소리	뜻+소리

洞
마을
○○○

洞
동
△△△

洞
마을 동
□□□

2단계 : 차근차근 쓰기

총 9획 洞洞洞洞洞洞洞洞洞

洞	洞	洞	洞	洞	洞
마을 동	마을 동	마을 동	마을 동	마을 동	마을 동
마을 동	마을 동	마을 동	마을 ( )	마을 ( )	마을 ( )

3단계 : 두근두근 어휘력 키우기

洞(동)이 들어간 문장이 자연스럽게 이어지도록 선을 그어 보세요.

축제가 열리는 곳으로	•	•	밖과 다르게 시원하였습니다.
동굴(洞窟) 안은	•	•	동민(洞民)들이 모였습니다.

· 동굴(洞窟): 깊고 넓은 골짜기(洞)나 굴(窟).
· 동민(洞民): 한동네(洞)에 같이 사는 사람(民).

1단계 : 또박또박 읽기

뜻 고을   소리 읍

邑(읍)은 '고을' 또는 행정 구역인 '읍'을 뜻해요.

또박또박 읽고 색칠해 보세요.

뜻	소리	뜻+소리
	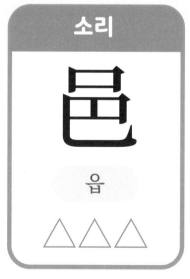	
고을	읍	고을 읍
○○○	△△△	▢▢▢

2단계 : 차근차근 쓰기

총 7획 邑 邑 邑 邑 邑 邑 邑

邑	邑	邑	邑	邑	邑
고을 읍	고을 읍	고을 읍	고을 읍	고을 읍	고을 읍
고을 읍	고을 읍	고을 읍	고을 ( )	고을 ( )	고을 ( )

3단계 : 두근두근 어휘력 키우기

邑(읍)이 들어간 낱말을 살펴보고 문장에서 찾아 ○ 해 보세요.

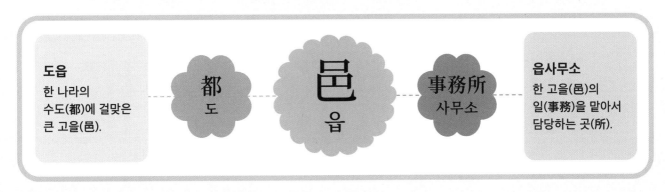

도읍
한 나라의
수도(都)에 걸맞은
큰 고을(邑).

都
도

邑
읍

事務所
사무소

읍사무소
한 고을(邑)의
일(事務)을 맡아서
담당하는 곳(所).

❖ 왕이 도읍(都邑)을 새로운 곳으로 옮겼습니다.

❖ 이사를 온 주민이 읍사무소(邑事務所)를 방문하였습니다.

1단계 : 또박또박 읽기

뜻 고을　　**소리** 군

郡(군)은 '고을' 또는 행정 구역인 '군'을 뜻해요.

또박또박 읽고 색칠해 보세요.

뜻	소리	뜻+소리
郡	郡	郡
고을	군	고을 군
○○○	△△△	□□□

2단계 : **차근차근 쓰기**

총 10획 ▶ 郡 郡 郡 郡 郡 郡 郡 郡 郡 郡

郡	郡	郡	郡	郡	郡
고을 군	고을 군	고을 군	고을 군	고을 군	고을 군
고을 군	고을 군	고을 군	고을 ( )	고을 ( )	고을 ( )

3단계 : **두근두근 어휘력 키우기**

郡(군)과 다른 글자가 합쳐진 낱말을 보고 문장에서 찾아 ○ 해 보세요.

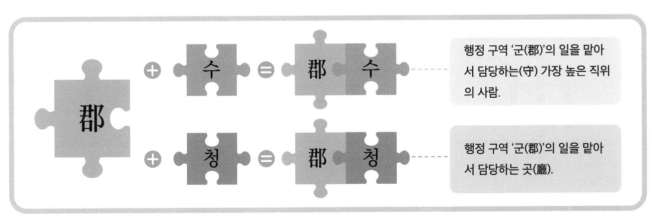

행정 구역 '군(郡)'의 일을 맡아서 담당하는(守) 가장 높은 직위의 사람.

행정 구역 '군(郡)'의 일을 맡아서 담당하는 곳(廳).

✦ 새로 뽑힌 군수(郡守)가 일을 시작하였습니다.

✦ 우리 집에서 군청(郡廳)까지는 걸어서 20분이 걸립니다.

43

1단계 ː 또박또박 읽기

市

| 뜻 시장 | 소리 시 |

市(시)는 '시장' 또는 행정 구역인 '시'를 뜻해요.

또박또박 읽고 색칠해 보세요.

44

2단계 : **차근차근 쓰기**

총 5획 ▶ 市 市 市 市 市

市	市	市	市	市	市
시장 시	시장 시	시장 시	시장 시	시장 시	시장 시
시장 시	시장 시	시장 시	시장 ( )	시장 ( )	시장 ( )

3단계 : **두근두근 어휘력 키우기**

市(시)가 들어간 문장이 자연스럽게 이어지도록 선을 그어 보세요.

도시(都市)에는 ● ● 높은 건물이 많습니다.

부모님과 물건을 사러 ● ● 시장(市場)에 갔습니다.

• 도시(都市): 도읍(都)의 시장(市). 또는 많은 사람이 모여 살아 정치, 경제, 문화의 중심이 되는 곳.
• 시장(市場): 여러 가지 물건을 사고파는 사람이 많아 북적거리는(市) 장소(場).

1단계 : 또박또박 읽기

道

| 뜻 길 | 소리 도 |

道(도)는 '길' 또는 행정 구역인 '도'를 뜻해요.

또박또박 읽고 색칠해 보세요.

뜻	소리	뜻+소리
道	道	道
길	도	길 도
○○○	△△△	□□□

2단계 : **차근차근 쓰기**

총 13획

道 道 道 道 道 道 道 道 道 道 道
道 道

道	道	道	道	道	道
길 도	길 도	길 도	길 도	길 도	길 도
길 도	길 도	길 도	길 ( )	길 ( )	길 ( )

3단계 : **두근두근 어휘력 키우기**

道(도)가 들어간 낱말을 살펴보고 문장에서 찾아 ○ 해 보세요.

효도
부모에게
마땅히 해야 할
바른(孝) 길(道).
부모를 잘 섬기는
도리.

孝
효

道
도

路
로

도로
사람이나 자동차
등이 잘 다니도록
만들어 놓은
넓은 길(道路).

❋ 자식이라면 마땅히 부모님에게 효도(孝道)해야 합니다.

❋ 쉬는 날에는 도로(道路) 위에 차들이 무척 많습니다.

1단계 : 또박또박 읽기

뜻 도읍 · 소리 도

都(도)는 '도읍' 또는 사람이 많이 사는 '도시'를 뜻해요.

또박또박 읽고 색칠해 보세요.

뜻
都
도읍
○○○

소리
都
도
△△△

뜻+소리
都
도읍 도
□□□

2단계 : **차근차근 쓰기**

총 12획 ▶ 都 都 都 都 都 都 都 都 都 都 都 都

都	都	都	都	都	都
도읍 도	도읍 도	도읍 도	도읍 도	도읍 도	도읍 도
도읍 도	도읍 도	도읍 도	도읍 ( )	도읍 ( )	도읍 ( )

3단계 : **두근두근 어휘력 키우기**

都(도)와 다른 글자가 합쳐진 낱말을 보고 문장에서 찾아 ○ 해 보세요.

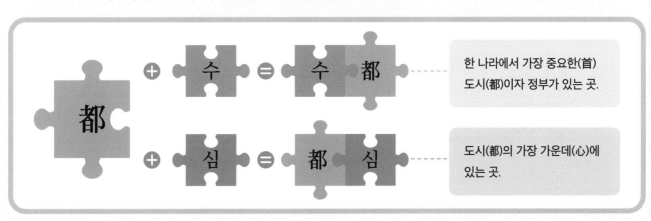

都 + 수 = 수 都 .... 한 나라에서 가장 중요한(首) 도시(都)이자 정부가 있는 곳.

+ 심 = 都 심 .... 도시(都)의 가장 가운데(心)에 있는 곳.

◆ 우리나라의 수도(首都)는 서울입니다.

◆ 도심(都心) 속에 아름다운 공원이 있습니다.

1단계 : 또박또박 읽기

뜻 농사 　**소리** 농

農(농)은 논밭에 씨를 뿌리고 가꾸어 거두는 '농사'를 뜻해요.

또박또박 읽고 색칠해 보세요.

뜻	소리	뜻+소리
農	農	農
농사	농	농사 농
○○○	△△△	□□□

2단계 : 차근차근 쓰기

총 13획
農農農農農農農農農農農
農農

農	農	農	農	農	農
농사 농	농사 농	농사 농	농사 농	농사 농	농사 농
농사 농	농사 농	농사 농	농사 ( )	농사 ( )	농사 ( )

3단계 : 두근두근 어휘력 키우기

農(농)이 들어간 문장이 자연스럽게 이어지도록 선을 그어 보세요.

농업(農業) 기술이 • • 열심히 씨를 뿌립니다.

농부(農夫)가 • • 나날이 발전하고 있습니다.

· 농업(農業): 땅을 이용하여 사람에게 필요한 식물을 가꾸거나(農) 동물을 기르는 일(業).
· 농부(農夫): 농사(農)를 직업으로 하는 사람(夫).

1단계 : 또박또박 읽기

| 뜻 마을 | 소리 촌 |

村(촌)은 여러 집이 모여 사는 '마을'을 뜻해요.

또박또박 읽고 색칠해 보세요.

뜻	소리	뜻+소리
村	村	村
마을	촌	마을 촌
○○○	△△△	□□□

2단계 : 차근차근 쓰기

총 7획 ▶ 村 村 村 村 村 村 村

村	村	村	村	村	村
마을 촌	마을 촌	마을 촌	마을 촌	마을 촌	마을 촌
마을 촌	마을 촌	마을 촌	마을 ( )	마을 ( )	마을 ( )

3단계 : 두근두근 어휘력 키우기

村(촌)이 들어간 낱말을 살펴보고 문장에서 찾아 ○ 해 보세요.

어촌
고기를 잡는(漁)
사람들이
모여 사는 마을(村).

漁
어

村
촌

農
농

농촌
농사짓는(農)
사람들이
모여 사는 마을(村).

❖ 푸른 바다가 보이는 작은 어촌(漁村)이 있습니다.

❖ 기차의 창밖으로 아름다운 농촌(農村) 풍경이 펼쳐졌습니다.

뜻과 소리 연결하기

門부터 村까지 한자를 즐겁게 공부하는 시간이에요.
왼쪽의 한자를 잘 보고 알맞은 뜻과 소리를 찾아 연결해 보세요.

里 ·

農 ·

市 ·

道 ·

郡 ·

· 고을 군

· 마을 리

· 길 도

· 시장 시

· 농사 농

재미있는 미로 찾기

애벌레가 미로에서 엄마를 찾고 있어요.
마을과 관련된 한자를 따라 선을 그으며 미로를 통과해 보세요.

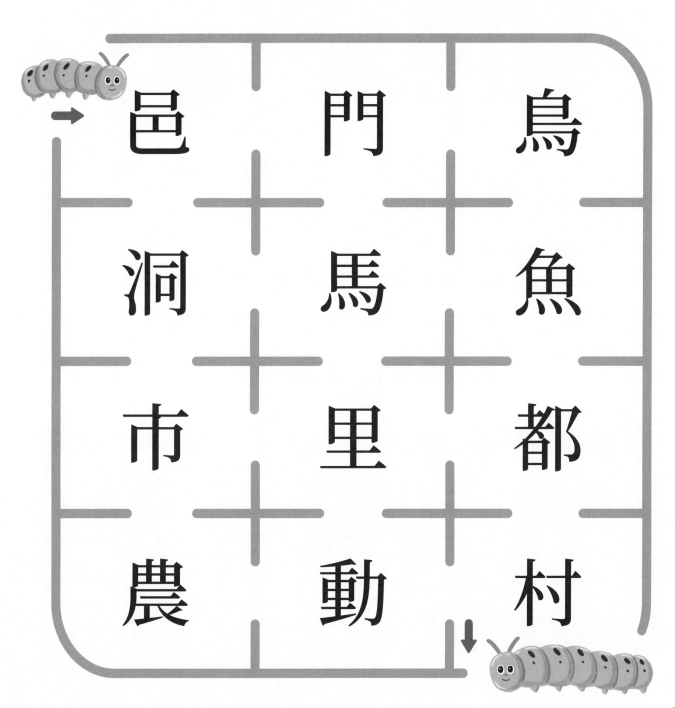

1단계 : 또박또박 읽기

| 뜻 나라 | 소리 한 |

韓(한)은 우리가 아끼고 사랑하는 나라인 '대한민국'을 뜻해요.

또박또박 읽고 색칠해 보세요.

뜻	소리	뜻+소리
韓	韓	韓
나라	한	나라 한
○○○	△△△	□□□

2단계 : 차근차근 쓰기

총 17획

韓 韓 韓 韓 韓 韓 韓 韓 韓 韓 韓
韓 韓 韓 韓 韓 韓

韓	韓	韓	韓	韓	韓
나라 한	나라 한	나라 한	나라 한	나라 한	나라 한
나라 한	나라 한	나라 한	나라 ( )	나라 ( )	나라 ( )

3단계 : 두근두근 어휘력 키우기

韓(한)이 들어간 낱말을 살펴보고 문장에서 찾아 ○ 해 보세요.

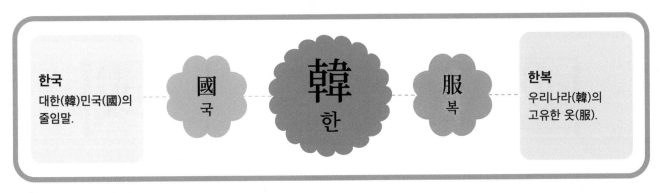

한국
대한(韓)민국(國)의
줄임말.

國
국

韓
한

服
복

한복
우리나라(韓)의
고유한 옷(服).

✤ 한국(韓國) 음식을 좋아하는 외국인이 많아지고 있습니다.

✤ 명절을 맞아 한복(韓服)을 곱게 차려입었습니다.

1단계 : 또박또박 읽기

뜻 나라   소리 국

國(국)은 정해진 땅과 그곳에 사는 사람들로 구성된
'국가'와 '나라'를 뜻해요.

또박또박 읽고 색칠해 보세요.

2단계 : 차근차근 쓰기

총 11획 國 國 國 國 國 國 國 國 國 國 國

國	國	國	國	國	國
나라 국	나라 국	나라 국	나라 국	나라 국	나라 국
나라 국	나라 국	나라 국	나라 ( )	나라 ( )	나라 ( )

3단계 : 두근두근 어휘력 키우기

國(국)과 다른 글자가 합쳐진 낱말을 보고 문장에서 찾아 ○ 해 보세요.

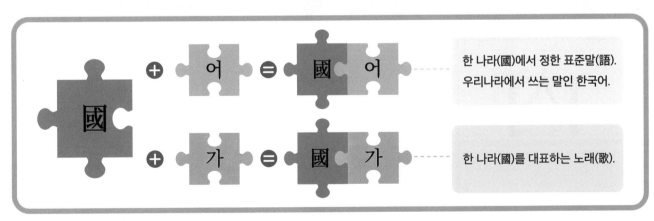

國 + 어 = 國어
한 나라(國)에서 정한 표준말(語).
우리나라에서 쓰는 말인 한국어.

國 + 가 = 國가
한 나라(國)를 대표하는 노래(歌).

❋ 국어(國語)사전에는 다양한 낱말이 실려 있습니다.

❋ 여러 사람이 함께 힘차게 국가(國歌)를 불렀습니다.

1단계 : 또박또박 읽기

뜻 안	소리 내

內(내)는 무엇의 '안' 또는 '속'을 뜻해요.

또박또박 읽고 색칠해 보세요.

뜻

안

소리

내

뜻+소리

안 내

2단계 : **차근차근 쓰기**

총 4획 ▶ 內 內 內 內

內	內	內	內	內	內
안 내	안 내	안 내	안 내	안 내	안 내
안 내	안 내	안 내	안 ( )	안 ( )	안 ( )

3단계 : **두근두근 어휘력 키우기**

內(내)가 들어간 문장이 자연스럽게 이어지도록 선을 그어 보세요.

정해진 시간이 되자	•	•	교내(校內) 방송이 들렸습니다.

글의 내용(內容)을	•	•	읽고 정확하게 이해하였습니다.

· 교내(校內): 학교(校)의 안(內).
· 내용(內容): 어떤 것의 안(內)에 들어 있는(容) 것.

1단계 : 또박또박 읽기

> 뜻 바깥 소리 외

外(외)는 무엇의 '안'과 반대되는 '바깥'을 뜻해요.

또박또박 읽고 색칠해 보세요.

뜻	소리	뜻+소리
外	外	外
바깥	외	바깥 외
○○○	△△△	□□□

2단계 : 차근차근 쓰기

총 5획 ▶ 外 夘 外 外 外

外	外	外	外	外	外
바깥 외	바깥 외	바깥 외	바깥 외	바깥 외	바깥 외
바깥 외	바깥 외	바깥 외	바깥 ( )	바깥 ( )	바깥 ( )

3단계 : 두근두근 어휘력 키우기

外(외)가 들어간 낱말을 살펴보고 문장에서 찾아 ○ 해 보세요.

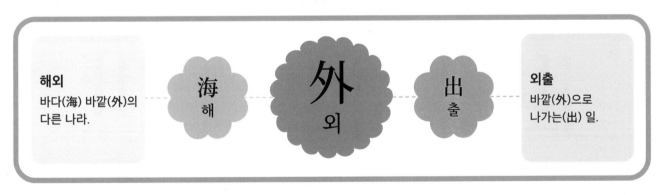

해외
바다(海) 바깥(外)의 다른 나라.

海
해

外
외

出
출

외출
바깥(外)으로 나가는(出) 일.

✤ 삼촌이 결혼식을 마치고 해외(海外)로 여행을 떠나셨습니다.

✤ 동생과 함께 외출(外出) 준비를 하였습니다.

1단계 : 또박또박 읽기

| 뜻 인간 | 소리 세 |

世(세)는 '인간'이나 '일생', 또는 '세상'을 뜻해요.

또박또박 읽고 색칠해 보세요.

뜻	소리	뜻+소리

인간

○○○

세

△△△

인간 세

□□□

2단계 : 차근차근 쓰기

총 5획 ▶ 世 世 世 世 世

世	世	世	世	世	世
인간 세	인간 세	인간 세	인간 세	인간 세	인간 세
인간 세	인간 세	인간 세	인간 ( )	인간 ( )	인간 ( )

3단계 : 두근두근 어휘력 키우기

世(세)와 다른 글자가 합쳐진 낱말을 보고 문장에서 찾아 ○ 해 보세요.

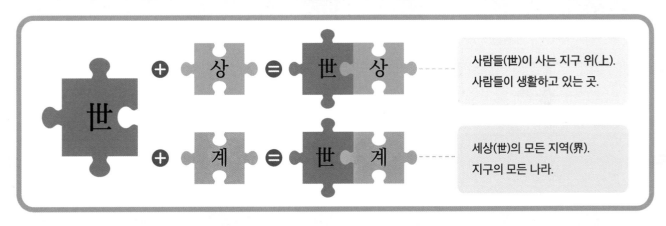

世 + 상 = 世상
사람들(世)이 사는 지구 위(上).
사람들이 생활하고 있는 곳.

世 + 계 = 世계
세상(世)의 모든 지역(界).
지구의 모든 나라.

✱ 세상(世上)에는 재미있고 신기한 것들이 참 많습니다.

✱ 세계(世界) 평화를 위해 모두가 노력해야 합니다.

1단계 : 또박또박 읽기

| 뜻 임금 | 소리 왕 |

王(왕)은 나라를 다스리는 우두머리인 '임금'을 뜻해요.

또박또박 읽고 색칠해 보세요.

뜻	소리	뜻+소리
임금	왕	임금 왕
○○○	△△△	□□□

2단계 : **차근차근 쓰기**

총 4획

王 王 王 王

王	王	王	王	王	王
임금 왕	임금 왕	임금 왕	임금 왕	임금 왕	임금 왕
임금 왕	임금 왕	임금 왕	임금 ( )	임금 ( )	임금 ( )

3단계 : **두근두근 어휘력 키우기**

王(왕)이 들어간 문장이 자연스럽게 이어지도록 선을 그어 보세요.

화려한 드레스를 입은	•	•	여왕(女王)이 나타났습니다.
멋진 왕자(王子)가	•	•	마법에 걸려 괴물이 되었습니다.

· **여왕(女王)**: 여자(女) 임금(王).
· **왕자(王子)**: 임금(王)의 아들(子).

1단계 : 또박또박 읽기

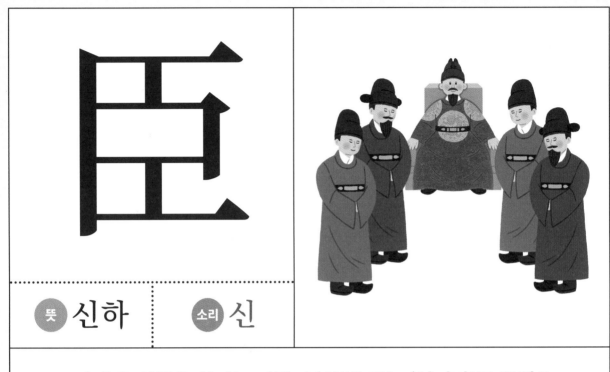

뜻 신하   **소리** 신

臣(신)은 임금을 섬기는 사람인 '신하' 또는 '섬기다'를 뜻해요.

또박또박 읽고 색칠해 보세요.

뜻	소리	뜻+소리
臣	臣	臣
신하	신	신하 신
○○○	△△△	□□□

2단계 : **차근차근 쓰기**

총 6획 ▶ 臣 臣 臣 臣 臣 臣

臣	臣	臣	臣	臣	臣
신하 신	신하 신	신하 신	신하 신	신하 신	신하 신
신하 신	신하 신	신하 신	신하 ( )	신하 ( )	신하 ( )

3단계 : **두근두근 어휘력 키우기**

臣(신)이 들어간 낱말을 살펴보고 문장에서 찾아 ○ 해 보세요.

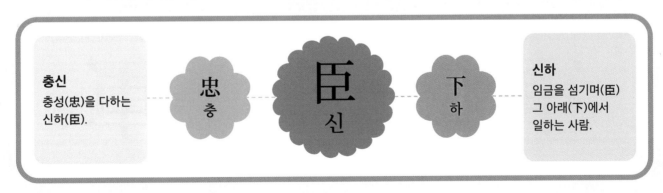

충신
충성(忠)을 다하는
신하(臣).

忠 충

臣 신

下 하

신하
임금을 섬기며(臣)
그 아래(下)에서
일하는 사람.

❀ 전쟁터에서 충신(忠臣)이 왕을 구하였습니다.

❀ 왕과 신하(臣下)들이 함께 나랏일을 의논하였습니다.

1단계 : 또박또박 읽기

뜻 군사 소리 군

軍(군)은 군대에서 열심히 나라를 지키는 '군사(군인)'을 뜻해요.

또박또박 읽고 색칠해 보세요.

뜻	소리	뜻+소리
軍	軍	軍
군사(군인)	군	군사 군
○○○	△△△	□□□

2단계 : 차근차근 쓰기

총 9획 軍軍軍軍軍軍軍軍軍

軍	軍	軍	軍	軍	軍
군사 군	군사 군	군사 군	군사 군	군사 군	군사 군
군사 군	군사 군	군사 군	군사 (　　)	군사 (　　)	군사 (　　)

3단계 : 두근두근 어휘력 키우기

軍(군)과 다른 글자가 합쳐진 낱말을 보고 문장에서 찾아 ○ 해 보세요.

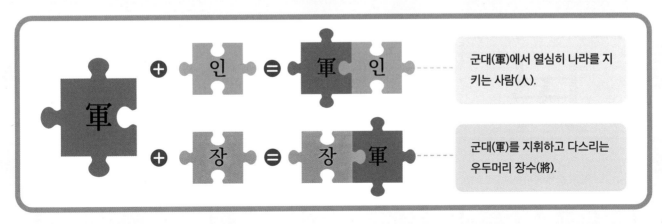

軍 + 인 = 軍인 ····· 군대(軍)에서 열심히 나라를 지키는 사람(人).

軍 + 장 = 장軍 ····· 군대(軍)를 지휘하고 다스리는 우두머리 장수(將).

✱ 우리나라를 지키는 군인(軍人)들이 자랑스럽습니다.

✱ 이순신 장군(將軍)이 왜적을 크게 물리쳤습니다.

1단계 : 또박또박 읽기

뜻 백성　소리 민

民(민)은 국민을 예스럽게 이르는 말인 '백성'을 뜻해요.

또박또박 읽고 색칠해 보세요.

뜻	소리	뜻+소리

백성	민	백성 민
○○○	△△△	□□□

2단계 : 차근차근 쓰기

총 5획 ▶ 民 民 民 民 民

民	民	民	民	民	民
백성 민	백성 민	백성 민	백성 민	백성 민	백성 민
백성 민	백성 민	백성 민	백성 ( )	백성 ( )	백성 ( )

3단계 : 두근두근 어휘력 키우기

民(민)이 들어간 문장이 자연스럽게 이어지도록 선을 그어 보세요.

온 국민(國民)이 나라의	•	•	재미있게 즐겼습니다.

민속(民俗)놀이를	•	•	평화 통일을 바라고 있습니다.

· 국민(國民): 한 나라(國)를 구성하는 사람(民).
· 민속(民俗): 백성(民)들 사이에서 예로부터 전해 내려오는 풍속(俗).

1단계 : 또박또박 읽기

族

뜻 겨레   소리 족

族(족)은 '같은 핏줄을 이어받은 사람'
또는 오랫동안 함께 살며 하나로 뭉친 '겨레'를 뜻해요.

또박또박 읽고 색칠해 보세요.

뜻	소리	뜻+소리
族	族	族
겨레	족	겨레 족
○○○	△△△	□□□

2단계 : 차근차근 쓰기

총 11획 族族族族族族族族族族族

族	族	族	族	族	族
겨레 족	겨레 족	겨레 족	겨레 족	겨레 족	겨레 족
겨레 족	겨레 족	겨레 족	겨레 ( )	겨레 ( )	겨레 ( )

3단계 : 두근두근 어휘력 키우기

族(족)이 들어간 낱말을 살펴보고 문장에서 찾아 ○ 해 보세요.

가족
한집(家)에서 함께 사는 친족(族) 관계의 사람들.

家가

族족

民민

민족
같은 지역에 사는 백성(民)의 무리(族).

* 힘들고 어려울 때 가족(家族)의 따뜻한 위로는 큰 힘이 됩니다.
* 전통문화에는 우리 민족(民族)의 얼이 담겨 있습니다.

뜻과 소리 연결하기

韓부터 族까지 한자를 즐겁게 공부하는 시간이에요.
왼쪽의 한자를 잘 보고 알맞은 뜻과 소리를 찾아 연결해 보세요.

世 ·

王 ·

國 ·

內 ·

民 ·

· 백성 민

· 임금 왕

· 나라 국

· 인간 세

· 안 내

알맞은 낱말 색칠하기

두근두근 낱말 하트예요.
韓부터 族까지 나라 한자가 들어간 하트를 찾아 색칠해 보세요.

韓복　　해外　　馬차

곤蟲　　軍인

반려犬　　여王　　國어

民속　　교門

1단계 : 또박또박 읽기

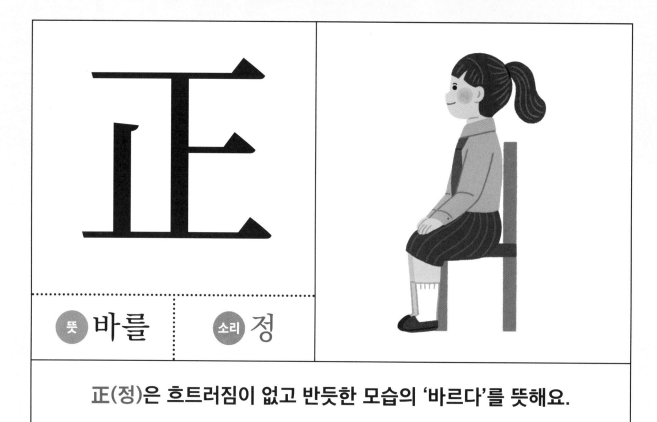

뜻 바를　소리 정

正(정)은 흐트러짐이 없고 반듯한 모습의 '바르다'를 뜻해요.

또박또박 읽고 색칠해 보세요.

뜻	소리	뜻+소리
正	正	正
바를	정	바를 정
○○○	△△△	□□□

2단계 : 차근차근 쓰기

총 5획 ▶ 正 正 正 正 正

正	正	正	正	正	正
바를 정	바를 정	바를 정	바를 정	바를 정	바를 정
바를 정	바를 정	바를 정	바를 ( )	바를 ( )	바를 ( )

3단계 : 두근두근 어휘력 키우기

正(정)이 들어간 낱말을 살펴보고 문장에서 찾아 ○ 해 보세요.

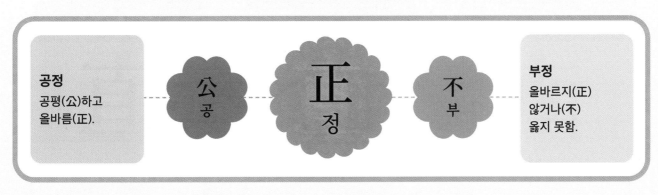

공정
공평(公)하고
올바름(正).

公
공

正
정

不
부

부정
올바르지(正)
않거나(不)
옳지 못함.

✦ 태권도 시합이 공정(公正)하게 치러졌습니다.

✦ 시험을 볼 때는 부정(不正)한 일을 하면 안 됩니다.

1단계 : 또박또박 읽기

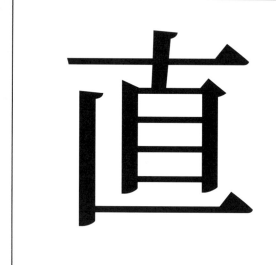

뜻 곧을　소리 직

直(직)은 굽거나 비뚤어지지 않은 똑바른 모습의 '곧다'를 뜻해요.

또박또박 읽고 색칠해 보세요.

뜻	소리	뜻+소리
 直 곧을 ○○○	直 직 △△△	直 곧을 직 □□□

2단계 : **차근차근 쓰기**

총 8획

直 直 直 直 直 直 直 直

直	直	直	直	直	直
곧을 직	곧을 직	곧을 직	곧을 직	곧을 직	곧을 직
곧을 직	곧을 직	곧을 직	곧을 (　　)	곧을 (　　)	곧을 (　　)

3단계 : **두근두근 어휘력 키우기**

直(직)과 다른 글자가 합쳐진 낱말을 보고 문장에서 찾아 ○ 해 보세요.

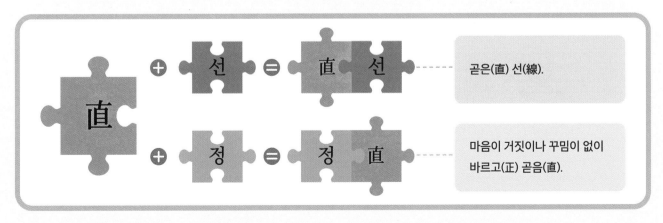

直 + 선 = 直 선 ---- 곧은(直) 선(線).

直 + 정 = 정 直 ---- 마음이 거짓이나 꾸밈이 없이 바르고(正) 곧음(直).

* 새로 생긴 도로가 직선(直線)으로 길게 뻗어 있습니다.

* 세상을 살면서 정직(正直)한 마음을 갖는 일은 정말 중요합니다.

1단계 : 또박또박 읽기

뜻 **효도** 소리 **효**

孝(효)는 자식이 부모를 공경하고 잘 섬기는 도리인 '효도'를 뜻해요.

또박또박 읽고 색칠해 보세요.

뜻	소리	뜻+소리
孝	孝	孝
효도	효	효도 효
○○○	△△△	□□□

2단계 : 차근차근 쓰기

총 7획 孝 孝 孝 孝 孝 孝 孝

孝	孝	孝	孝	孝	孝
효도 효	효도 효	효도 효	효도 효	효도 효	효도 효
효도 효	효도 효	효도 효	효도 ( )	효도 ( )	효도 ( )

3단계 : 두근두근 어휘력 키우기

孝(효)가 들어간 문장이 자연스럽게 이어지도록 선을 그어 보세요.

옛날 옛적 어느 마을에 •	• 효자(孝子)가 살고 있었습니다.

두 남매는 부모에 대한 •	• 효성(孝誠)이 지극하였습니다.

· 효자(孝子): 부모를 잘 섬기는(孝) 아들(子).
· 효성(孝誠): 부모를 섬기는(孝) 정성(誠).

83

1단계 또박또박 읽기

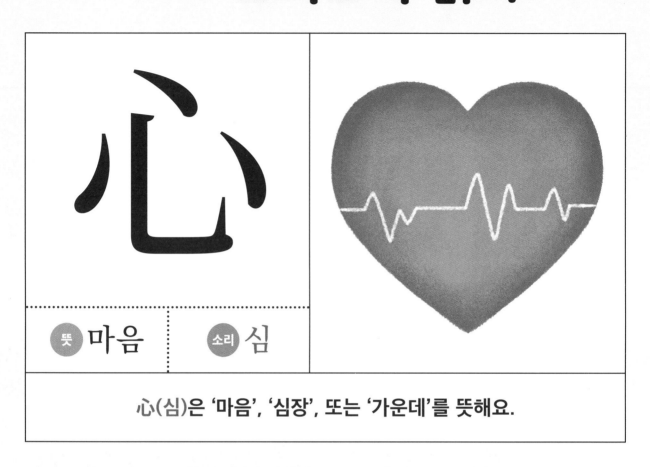

뜻 마음   **소리** 심

心(심)은 '마음', '심장', 또는 '가운데'를 뜻해요.

또박또박 읽고 색칠해 보세요.

뜻	소리	뜻+소리
心	心	心
마음	심	마음 심
○ ○ ○	△ △ △	□ □ □

2단계 : **차근차근 쓰기**

총 4획 ▶ 心 心 心 心

心	心	心	心	心	心
마음 심	마음 심	마음 심	마음 심	마음 심	마음 심
마음 심	마음 심	마음 심	마음 ( )	마음 ( )	마음 ( )

3단계 : **두근두근 어휘력 키우기**

心(심)이 들어간 낱말을 살펴보고 문장에서 찾아 ○ 해 보세요.

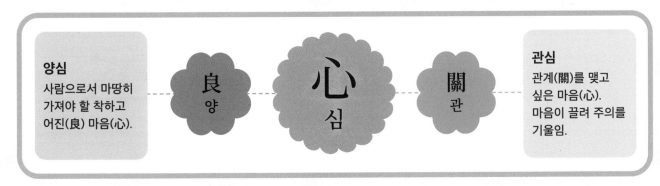

양심
사람으로서 마땅히
가져야 할 착하고
어진(良) 마음(心).

良
양

心
심

關
관

관심
관계(關)를 맺고
싶은 마음(心).
마음이 끌려 주의를
기울임.

✦ 어떤 일을 할 때 자신의 양심(良心)을 속이지 않아야 합니다.

✦ 댄스 공연을 본 뒤로 춤에 관심(關心)이 생겼습니다.

1단계 : 또박또박 읽기

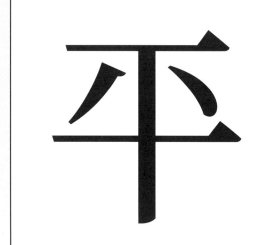

뜻 평평할 · 소리 평

平(평)은 높낮이가 없이 고르고 넓은 모습의 '평평하다'를 뜻해요.

또박또박 읽고 색칠해 보세요.

뜻	소리	뜻+소리
平	平	平
평평할	평	평평할 평
○○○	△△△	□□□

2단계 : 차근차근 쓰기

총 5획 ▶ 平 平 平 平 平

平	平	平	平	平	平
평평할 평	평평할 평	평평할 평	평평할 평	평평할 평	평평할 평
평평할 평	평평할 평	평평할 평	평평할 ( )	평평할 ( )	평평할 ( )

3단계 : 두근두근 어휘력 키우기

平(평)과 다른 글자가 합쳐진 낱말을 보고 문장에서 찾아 ○ 해 보세요.

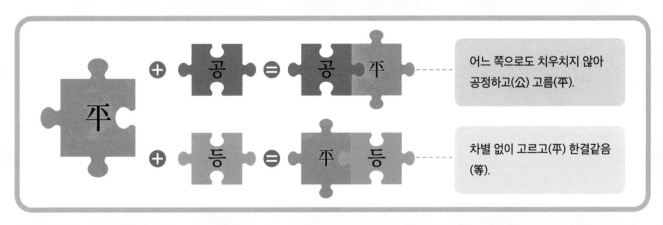

平 + 공 = 공 平 → 어느 쪽으로도 치우치지 않아 공정하고(公) 고름(平).

平 + 등 = 平 등 → 차별 없이 고르고(平) 한결같음 (等).

* 놀이에 참여하는 모두가 공평(公平)하게 기회를 받았습니다.
* 모든 사람은 법 앞에 평등(平等)합니다.

1단계 : 또박또박 읽기

뜻 편안할 | **소리** 안

安(안)은 걱정 없이 좋은 모습의 '편안하다'를 뜻해요.

또박또박 읽고 색칠해 보세요.

뜻	소리	뜻+소리
安	安	安
편안할	안	편안할 안
○○○	△△△	□□□

2단계 : 차근차근 쓰기

총 6획 ▶ 安 安 安 安 安 安

安	安	安	安	安	安
편안할 안	편안할 안	편안할 안	편안할 안	편안할 안	편안할 안
편안할 안	편안할 안	편안할 안	편안할 ( )	편안할 ( )	편안할 ( )

3단계 : 두근두근 어휘력 키우기

安(안)이 들어간 문장이 자연스럽게 이어지도록 선을 그어 보세요.

안전(安全) 수칙을 알고 •

• 실천하는 것은 매우 중요합니다.

목적지에 도착하였다는 소식을 듣고 •

• 겨우 안심(安心)이 되었습니다.

· 안전(安全): 편안(安)하고 온전(全)하여 위험이 생기거나 사고가 날 염려가 없는 상태.
· 안심(安心): 마음(心)을 편안(安)하게 가짐.

1단계 : 또박또박 읽기

뜻 착할 | **소리** 선

善(선)은 '착하다'와 '좋다', 또는 '훌륭하다'를 뜻해요.

또박또박 읽고 색칠해 보세요.

뜻	소리	뜻+소리
 착할 ○○○	善 선 △△△	 착할 선 □□□

2단계 : **차근차근 쓰기**

총 12획

善善善善善善善善善善善
善

善	善	善	善	善	善
착할 선	착할 선	착할 선	착할 선	착할 선	착할 선
착할 선	착할 선	착할 선	착할 ( )	착할 ( )	착할 ( )

3단계 : **두근두근 어휘력 키우기**

善(선)이 들어간 낱말을 살펴보고 문장에서 찾아 ○ 해 보세요.

최선
가장(最) 좋음(善).
가장 훌륭한 것.

最
최

善
선

行
행

선행
착한(善) 행동(行).

❋ 목표를 이루기 위해 끝까지 최선(最善)을 다하였습니다.

❋ 한 사람의 숨겨진 선행(善行)이 모두에게 감동을 주었습니다.

1단계 ｜ 또박또박 읽기

뜻 악할 　소리 악

惡(악)은 못되고 나쁜 모습의 '악하다'를 뜻해요.

또박또박 읽고 색칠해 보세요.

뜻	소리	뜻+소리
惡	惡	惡
악할	악	악할 악
○○○	△△△	□□□

2단계 : **차근차근 쓰기**

총 12획

惡惡惡惡惡惡惡惡惡惡惡
惡

惡	惡	惡	惡	惡	惡
악할 악	악할 악	악할 악	악할 악	악할 악	악할 악
악할 악	악할 악	악할 악	악할 ( )	악할 ( )	악할 ( )

3단계 : **두근두근 어휘력 키우기**

惡(악)과 다른 글자가 합쳐진 낱말을 보고 문장에서 찾아 ○ 해 보세요.

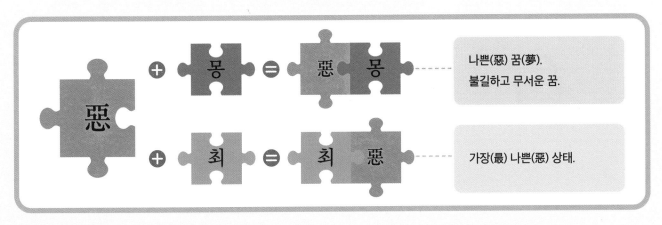

惡 + 몽 = 惡 몽 ──── 나쁜(惡) 꿈(夢).
불길하고 무서운 꿈.

惡 + 최 = 최 惡 ──── 가장(最) 나쁜(惡) 상태.

* 나라를 잃은 백성들은 악몽(惡夢) 같은 세월을 겪었습니다.
* 며칠 동안 최악(最惡)의 더위가 계속 이어졌습니다.

1단계 : 또박또박 읽기

뜻 **있을**   소리 **유**

有(유)는 어떤 것이 실제로 존재하는 상태의 '있다'를 뜻해요.

또박또박 읽고 색칠해 보세요.

2단계 : 차근차근 쓰기

총 6획 ▶ 有 有 有 有 有 有

有	有	有	有	有	有
있을 유	있을 유	있을 유	있을 유	있을 유	있을 유
있을 유	있을 유	있을 유	있을 ( )	있을 ( )	있을 ( )

3단계 : 두근두근 어휘력 키우기

有(유)가 들어간 문장이 자연스럽게 이어지도록 선을 그어 보세요.

그는 오랜 노력 끝에	•	•	유명(有名)한 학자가 되었습니다.

유료(有料) 주차장에	•	•	자동차들이 가득하였습니다.

· 유명(有名): 이름(名)이 세상에 널리 알려져 있음(有).
· 유료(有料): 요금(料)이 있음(有).

1단계 : 또박또박 읽기

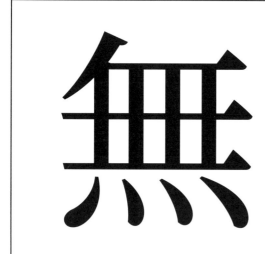

| 뜻 없을 | 소리 무 |

無(무)는 어떤 것이 실제로 존재하지 않는 상태의 '없다'를 뜻해요.

또박또박 읽고 색칠해 보세요.

뜻	소리	뜻+소리
無	無	無
없을	무	없을 무
○○○	△△△	□□□

2단계 : 차근차근 쓰기

총 12획

無 無 無 無 無 無 無 無 無 無 無
無

無	無	無	無	無	無
없을 무	없을 무	없을 무	없을 무	없을 무	없을 무
없을 무	없을 무	없을 무	없을 ( )	없을 ( )	없을 ( )

3단계 : 두근두근 어휘력 키우기

無(무)가 들어간 낱말을 살펴보고 문장에서 찾아 ○ 해 보세요.

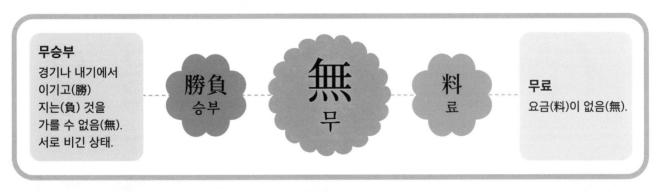

무승부
경기나 내기에서
이기고(勝)
지는(負) 것을
가를 수 없음(無).
서로 비긴 상태.

勝負
승부

無
무

料
료

무료
요금(料)이 없음(無).

✽ 축구 경기에서 아깝게 무승부(無勝負)를 거두었습니다.

✽ 어린이 박물관이 무료(無料)로 운영되고 있습니다.

뜻과 소리 연결하기

正부터 無까지 한자를 즐겁게 공부하는 시간이에요.
왼쪽의 한자를 잘 보고 알맞은 뜻과 소리를 찾아 연결해 보세요.

直 ·	· 없을 무
惡 ·	· 마음 심
無 ·	· 악할 악
有 ·	· 곧을 직
心 ·	· 있을 유

그림과 한자 짝짓기

正부터 無까지는 가치와 관련된 한자예요.
그림을 잘 살펴보고 알맞은 한자를 찾아 연결해 보세요.

善

安

正

孝

平

1단계 또박또박 읽기

뜻 물을 　소리 문

問(문)은 궁금해서 이야기하는 '묻다'를 뜻해요.

또박또박 읽고 색칠해 보세요.

뜻	소리	뜻+소리

물을	문	물을 문
○○○	△△△	□□□

2단계 : 차근차근 쓰기

총 11획 問 問 問 問 問 問 問 問 問 問 問

問	問	問	問	問	問
물을 문	물을 문	물을 문	물을 문	물을 문	물을 문
물을 문	물을 문	물을 문	물을 ( )	물을 ( )	물을 ( )

3단계 : 두근두근 어휘력 키우기

問(문)이 들어간 낱말을 살펴보고 문장에서 찾아 ○ 해 보세요.

질문
어떤 것의 바탕(質)이 되는 중요한 것을 물어봄(問). 모르거나 의심 나는 점을 물음.

質
질

問
문

題
제

문제
해답을 요구하는 물음(問)의 주제(題).

* 수업 시간에 손을 들어 궁금한 점을 질문(質問)하였습니다.
* 선생님이 내신 시험 문제(問題)를 최선을 다해 풀었습니다.

1단계 : 또박또박 읽기

뜻 대답할　**소리** 답

答(답)은 어떤 물음에 자기 의견을 이야기하는 '답하다'를 뜻해요.

또박또박 읽고 색칠해 보세요.

뜻	소리	뜻+소리

대답할	답	대답할 답

2단계 : **차근차근 쓰기**

총 12획 答答答答答答答答答答答答
答

答	答	答	答	答	答
대답할 답	대답할 답	대답할 답	대답할 답	대답할 답	대답할 답
대답할 답	대답할 답	대답할 답	대답할 ( )	대답할 ( )	대답할 ( )

3단계 : **두근두근 어휘력 키우기**

答(답)과 다른 글자가 합쳐진 낱말을 보고 문장에서 찾아 ○ 해 보세요.

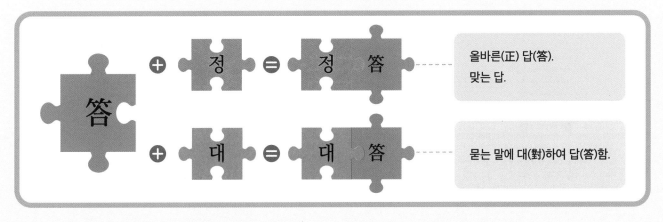

答 ➕ 정 ➖ 정 答 ···· 올바른(正) 답(答). 맞는 답.

➕ 대 ➖ 대 答 ···· 묻는 말에 대(對)하여 답(答)함.

✤ 어려운 문제의 정답(正答)을 맞혀 기분이 좋았습니다.

✤ 선생님의 질문에 멋지게 대답(對答)하였습니다.

1단계 : 또박또박 읽기

뜻 말씀   소리 언

言(언)은 사람의 생각이나 느낌이 담긴 '말씀'이나 '말'을 뜻해요.

또박또박 읽고 색칠해 보세요.

2단계 : 차근차근 쓰기

총 7획 ▶ 言 言 言 言 言 言 言

言	言	言	言	言	言
말씀 언	말씀 언	말씀 언	말씀 언	말씀 언	말씀 언
말씀 언	말씀 언	말씀 언	말씀 ( )	말씀 ( )	말씀 ( )

3단계 : 두근두근 어휘력 키우기

言(언)이 들어간 문장이 자연스럽게 이어지도록 선을 그어 보세요.

훌륭한 위인들은 •   • 큰 힘이 되었습니다.

친구의 조언(助言)이 •   • 많은 명언(名言)을 남겼습니다.

· 조언(助言): 도움(助)이 되는 말(言)이나 그렇게 하는 것.
· 명언(名言): 유명(名)한 말(言). 사리에 맞는 훌륭한 말.

1단계 : 또박또박 읽기

語	
뜻 말씀	소리 어

語(어)는 言(언)과 마찬가지로 '말씀'이나 '말'을 뜻해요.

또박또박 읽고 색칠해 보세요.

뜻

語

말씀(말)

○○○

소리

語

어

△△△

뜻+소리

語

말씀 어

□□□

2단계 : 차근차근 쓰기

총 14획

語 語 語 語 語 語 語 語 語 語 語
語 語 語

語	語	語	語	語	語
말씀 어	말씀 어	말씀 어	말씀 어	말씀 어	말씀 어
말씀 어	말씀 어	말씀 어	말씀 (　　)	말씀 (　　)	말씀 (　　)

3단계 : 두근두근 어휘력 키우기

語(어)가 들어간 낱말을 살펴보고 문장에서 찾아 ○ 해 보세요.

국어
한 나라(國)에서 정한 표준말(語). 우리나라의 언어인 '한국어'를 가리키는 말.

國
국

語
어

英
영

영어
영국(英)에서 쓰는 말. 오늘날 세계 여러 나라에서 쓰는 국제어.

❀ 국어(國語) 낱말의 절반 이상은 한자로 이루어져 있습니다.

❀ 친구들과 함께 영어(英語) 동요를 즐겁게 불렀습니다.

1단계 : 또박또박 읽기

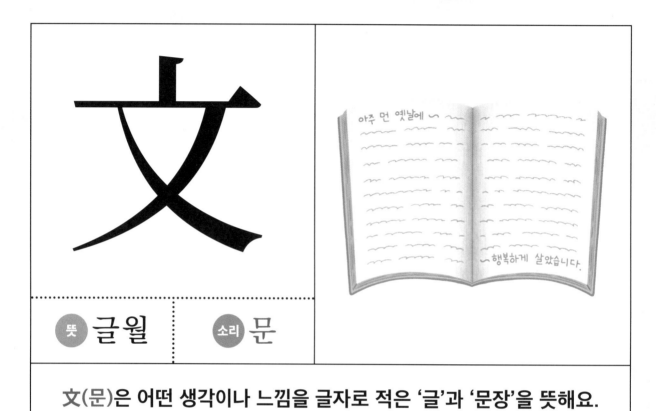

뜻 글월   소리 문

文(문)은 어떤 생각이나 느낌을 글자로 적은 '글'과 '문장'을 뜻해요.

또박또박 읽고 색칠해 보세요.

뜻	소리	뜻+소리
文	文	文
글월	문	글월 문
○○○	△△△	□□□

2단계 : 차근차근 쓰기

총 4획

文 文 文 文

文	文	文	文	文	文
글월 문	글월 문	글월 문	글월 문	글월 문	글월 문
글월 문	글월 문	글월 문	글월 ( )	글월 ( )	글월 ( )

3단계 : 두근두근 어휘력 키우기

文(문)과 다른 글자가 합쳐진 낱말을 보고 문장에서 찾아 ○ 해 보세요.

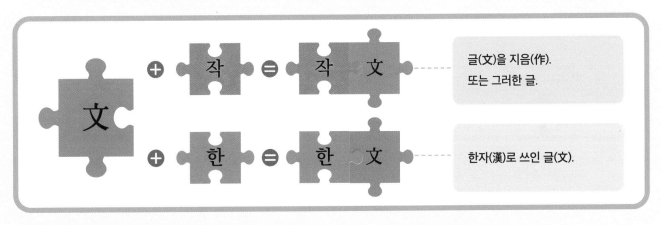

文 + 작 = 작 文 .... 글(文)을 지음(作).
또는 그러한 글.

文 + 한 = 한 文 .... 한자(漢)로 쓰인 글(文).

✚ 국어 시간에 '가족'을 주제로 작문(作文)을 하였습니다.

✚ 한문(漢文)을 배우면 공부할 때 많은 도움이 됩니다.

1단계 : 또박또박 읽기

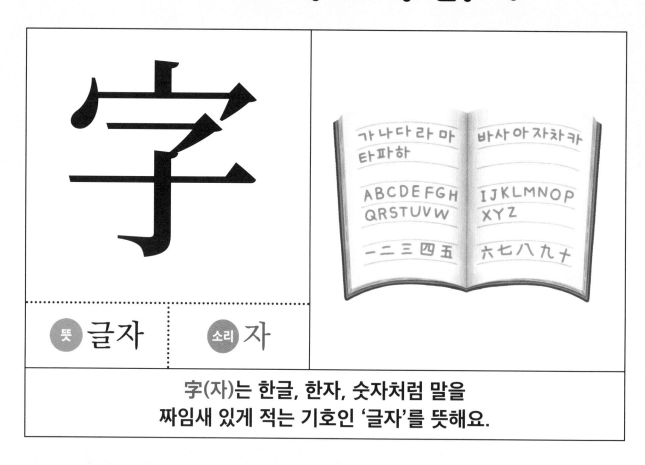

뜻 글자   소리 자

字(자)는 한글, 한자, 숫자처럼 말을
짜임새 있게 적는 기호인 '글자'를 뜻해요.

또박또박 읽고 색칠해 보세요.

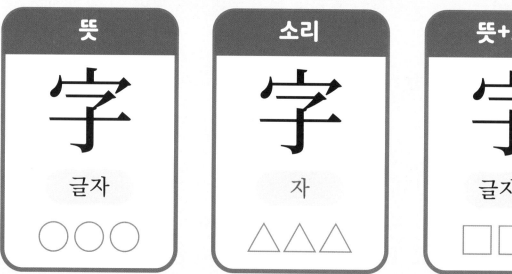

뜻	소리	뜻+소리
字	字	字
글자	자	글자 자
○○○	△△△	□□□

2단계 : 차근차근 쓰기

총 6획 ▶ 字 字 字 字 字 字

字	字	字	字	字	字
글자 자	글자 자	글자 자	글자 자	글자 자	글자 자
글자 자	글자 자	글자 자	글자 ( )	글자 ( )	글자 ( )

3단계 : 두근두근 어휘력 키우기

字(자)가 들어간 문장이 자연스럽게 이어지도록 선을 그어 보세요.

시계의 큰바늘이 • • 중국, 일본 등에서 많이 쓰입니다.

한자(漢字)는 우리나라와 • • 숫자(數字) 6을 가리켰습니다.

• 한자(漢字): 옛날 중국(漢) 대륙에서 만들어진 이후 오늘날까지 동아시아에서 두루 쓰이는 글자(字).
• 숫자(數字): 수(數)를 나타내는 글자(字).

1단계 ː 또박또박 읽기

 읽을 　 소리 독

讀(독)은 '읽다' 또는 '이해하다'를 뜻해요.

또박또박 읽고 색칠해 보세요.

뜻	소리	뜻+소리
讀	讀	讀
읽을	독	읽을 독
○○○	△△△	□□□

2단계 : 차근차근 쓰기

총 22획

讀 讀 讀 讀 讀 讀 讀 讀 讀 讀 讀
讀 讀 讀 讀 讀 讀 讀 讀 讀 讀 讀

讀	讀	讀	讀	讀	讀
읽을 독	읽을 독	읽을 독	읽을 독	읽을 독	읽을 독
읽을 독	읽을 독	읽을 독	읽을 ( )	읽을 ( )	읽을 ( )

3단계 : 두근두근 어휘력 키우기

讀(독)이 들어간 낱말을 살펴보고 문장에서 찾아 ○ 해 보세요.

정독
쌀을 쓿듯이(精)
뜻을 새겨 가며
읽음(讀).

精
정

讀
독

者
자

독자
책, 신문 등에
쓰인 글을
읽는(讀) 사람(者).

✿ 책을 읽을 땐 정독(精讀)하는 자세가 중요합니다.

✿ 작가는 언제나 독자(讀者)를 생각하며 글을 씁니다.

1단계 : 또박또박 읽기

뜻 글   소리 서

書(서)는 생각이나 일 등의 내용을 글자로 나타낸 '글'을 뜻해요.

또박또박 읽고 색칠해 보세요.

뜻	소리	뜻+소리

글	서	글 서
○○○	△△△	□□□

2단계 : 차근차근 쓰기

총 10획

書書書書書書書書書書

書	書	書	書	書	書
글 서	글 서	글 서	글 서	글 서	글 서
글 서	글 서	글 서	글 ( )	글 ( )	글 ( )

3단계 : 두근두근 어휘력 키우기

書(서)와 다른 글자가 합쳐진 낱말을 보고 문장에서 찾아 ○ 해 보세요.

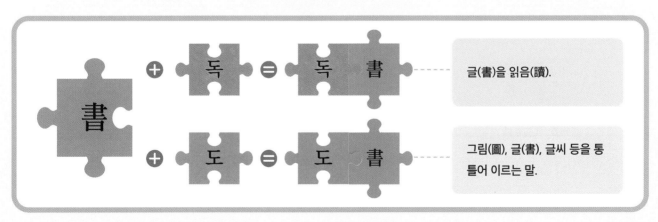

書 + 독 = 독 書 ----- 글(書)을 읽음(讀).

書 + 도 = 도 書 ----- 그림(圖), 글(書), 글씨 등을 통틀어 이르는 말.

✿ 우리는 독서(讀書)를 하며 지혜와 즐거움을 얻습니다.

✿ 우리 반 교실 뒤편에는 많은 수의 학급 도서(圖書)가 있습니다.

1단계 : 또박또박 읽기

뜻 기록할　소리 기

記(기)는 어떤 사실을 글로 적어 남기는 모습의 '기록하다'를 뜻해요.

또박또박 읽고 색칠해 보세요.

뜻	소리	뜻+소리
記	記	記
기록할	기	기록할 기
○○○	△△△	□□□

2단계 : **차근차근 쓰기**

총 10획 ▶ 記 記 記 記 記 記 記 記 記 記

記	記	記	記	記	記
기록할 기	기록할 기	기록할 기	기록할 기	기록할 기	기록할 기
기록할 기	기록할 기	기록할 기	기록할 ( )	기록할 ( )	기록할 ( )

3단계 : **두근두근 어휘력 키우기**

記(기)가 들어간 문장이 자연스럽게 이어지도록 선을 그어 보세요.

기억(記憶)에 오래 남을	•	•	꾸준히 써 왔습니다.

오래전부터 일기(日記)를	•	•	멋진 이야기였습니다.

- 기억(記憶): 지난 일을 적어 두어(記) 잊지 않고 생각해 냄(憶).
- 일기(日記): 그날그날(日) 자신이 겪은 일이나 생각, 느낌 등을 사실대로 기록한(記) 것.

1단계 : 또박또박 읽기

뜻 익힐   소리 습

習(습)은 여러 번 경험하여 능숙하게 하는 상태의 '익히다'를 뜻해요.

또박또박 읽고 색칠해 보세요.

뜻	소리	뜻+소리
習	習	習
익힐	습	익힐 습
○○○	△△△	□□□

2단계 : 차근차근 쓰기

총 11획 習 習 習 習 習 習 習 習 習 習 習

習	習	習	習	習	習
익힐 습	익힐 습	익힐 습	익힐 습	익힐 습	익힐 습
익힐 습	익힐 습	익힐 습	익힐 ( )	익힐 ( )	익힐 ( )

3단계 : 두근두근 어휘력 키우기

習(습)이 들어간 낱말을 살펴보고 문장에서 찾아 ○ 해 보세요.

복습
배운 내용을 되풀이하여(復) 익힘(習).

復 복

習 습

豫 예

예습
앞으로 배울 내용을 미리(豫) 간단하게 익힘(習).

❀ 매일 복습(復習)하는 습관을 들이면 공부를 잘 할 수 있습니다.

❀ 예습(豫習)을 통해 수업 시간에 질문할 내용을 미리 생각하였습니다.

뜻과 소리 연결하기

問부터 習까지 한자를 즐겁게 공부하는 시간이에요.
왼쪽의 한자를 잘 보고 알맞은 뜻과 소리를 찾아 연결해 보세요.

言 ·   · 말씀 언

讀 ·   · 기록할 기

答 ·   · 글자 자

字 ·   · 읽을 독

記 ·   · 대답할 답

재미있는 미로 찾기

책을 읽는 친구가 미로에서 또 다른 책을 찾고 있어요.
배움과 관련된 한자를 따라 선을 그으며 미로를 통과해 보세요.

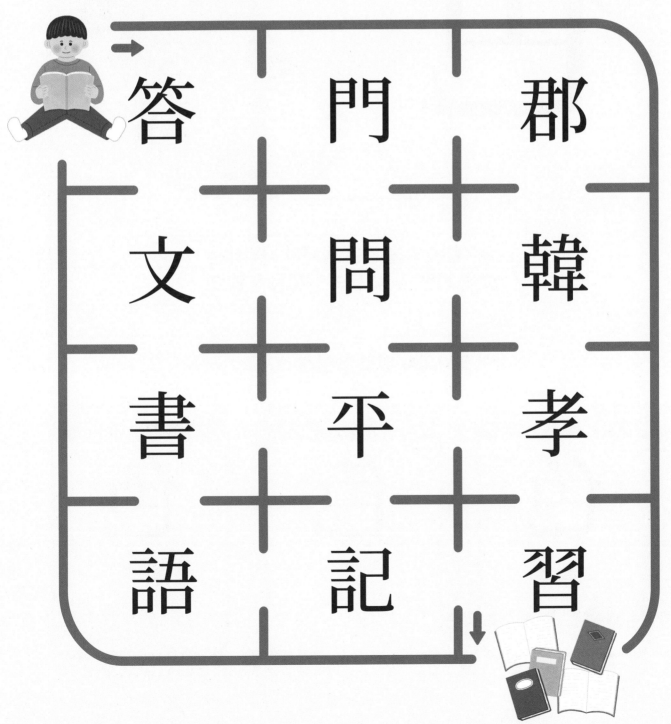

1단계 : 또박또박 읽기

뜻 빛　소리 색

色(색)은 빛을 받은 물체가 나타내는
빨강, 파랑, 노랑 등의 빛깔을 뜻해요.

또박또박 읽고 색칠해 보세요.

뜻	소리	뜻+소리

2단계 : 차근차근 쓰기

총 6획   色 色 色 色 色 色

色	色	色	色	色	色
빛 색	빛 색	빛 색	빛 색	빛 색	빛 색
빛 색	빛 색	빛 색	빛 (　　)	빛 (　　)	빛 (　　)

3단계 : 두근두근 어휘력 키우기

色(색)이 들어간 낱말을 살펴보고 문장에서 찾아 ○ 해 보세요.

염색
천이나 머리카락 등의 빛깔(色)을 염료를 써서 물들임(染).

染 염   **色 색**   相 상

색상
빛깔(色)의 모양(相).

❁ 엄마가 머리카락을 밝은 갈색으로 염색(染色)하셨습니다.

❁ 화창한 날씨를 맞아 밝은 색상(色相)의 옷을 입었습니다.

1단계 : 또박또박 읽기

| 뜻 검을 | 소리 흑 |

黑(흑)은 숯이나 먹의 빛깔처럼 어둡고 짙은 '검은색'을 뜻해요.

또박또박 읽고 색칠해 보세요.

뜻	소리	뜻+소리
黑	黑	黑
검을	흑	검을 흑
○○○	△△△	□□□

2단계 : **차근차근 쓰기**

총 12획

黑 黑 黑 黑 黑 黑 黑 黑 黑 黑 黑
黑

黑	黑	黑	黑	黑	黑
검을 흑	검을 흑	검을 흑	검을 흑	검을 흑	검을 흑
검을 흑	검을 흑	검을 흑	검을 ( )	검을 ( )	검을 ( )

3단계 : **두근두근 어휘력 키우기**

黑(흑)과 다른 글자가 합쳐진 낱말을 보고 문장에서 찾아 ○ 해 보세요.

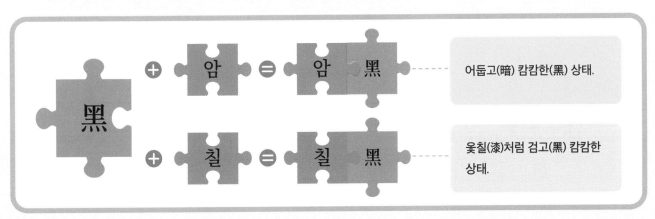

黑 + 암 = 암 黑 ⸺ 어둡고(暗) 캄캄한(黑) 상태.

黑 + 칠 = 칠 黑 ⸺ 옻칠(漆)처럼 검고(黑) 캄캄한 상태.

✦ 전기가 끊기자 방 안이 갑자기 암흑(暗黑)으로 변하였습니다.

✦ 칠흑(漆黑) 같은 어둠 속에서 피어오르는 장작불을 보았습니다.

125

1단계 : 또박또박 읽기

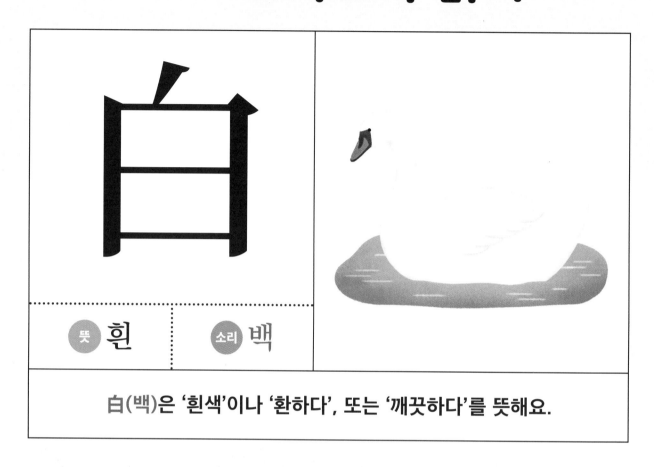

뜻 흰   소리 백

白(백)은 '흰색'이나 '환하다', 또는 '깨끗하다'를 뜻해요.

또박또박 읽고 색칠해 보세요.

뜻	소리	뜻+소리
白	白	白
흰	백	흰 백
○○○	△△△	□□□

2단계 : 차근차근 쓰기

총 5획

白 白 白 白 白

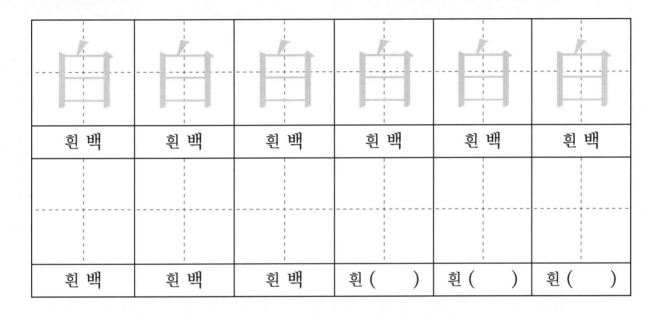

흰 백	흰 백	흰 백	흰 백	흰 백	흰 백
흰 백	흰 백	흰 백	흰 ( )	흰 ( )	흰 ( )

3단계 : 두근두근 어휘력 키우기

白(백)이 들어간 문장이 자연스럽게 이어지도록 선을 그어 보세요.

백조(白鳥) 두 마리가 · · 호수에서 노닐고 있습니다.

그가 말하였던 것은 · · 명백(明白)한 사실이었습니다.

· 백조(白鳥): 몸과 깃털이 흰색(白)인 새(鳥).
· 명백(明白): 의심할 것 없이 아주 뚜렷하고(明) 환한(白) 상태.

1단계 : 또박또박 읽기

 뜻 붉을　소리 적

赤(적)은 잘 익은 앵두의 색과 같은 '짙은 붉은색'을 뜻해요.

또박또박 읽고 색칠해 보세요.

뜻	소리	뜻+소리
	赤	赤
붉을	적	붉을 적
○○○	△△△	□□□

2단계 : **차근차근 쓰기**

총 7획 ▶ 赤 赤 赤 赤 赤 赤 赤

赤	赤	赤	赤	赤	赤
붉을 적	붉을 적	붉을 적	붉을 적	붉을 적	붉을 적
붉을 적	붉을 적	붉을 적	붉을 ( )	붉을 ( )	붉을 ( )

3단계 : **두근두근 어휘력 키우기**

赤(적)이 들어간 낱말을 살펴보고 문장에서 찾아 ○ 해 보세요.

적색
붉은(赤) 빛깔(色).

色
색

赤
적

信號
신호

적신호
정지를 알리는
붉은(赤)색의
교통 신호(信號).
위험한 상태를
알리는 조짐.

* 신호등의 적색(赤色) 신호에서는 횡단보도를 건너면 안 됩니다.
* 건강의 적신호(赤信號)가 켜지지 않으려면 운동을 꾸준히 해야 합니다.

1단계 : 또박또박 읽기

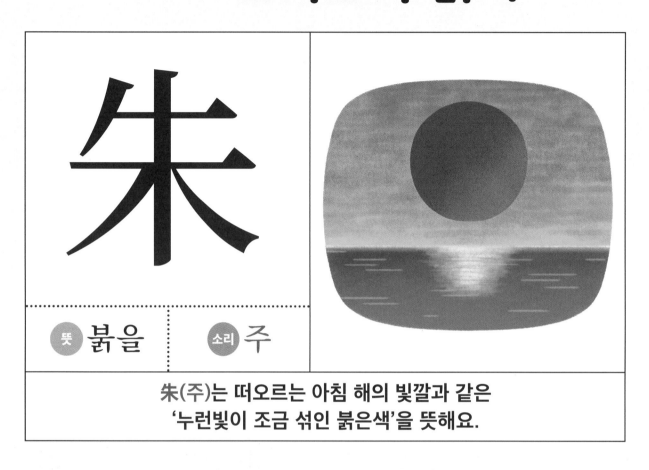

朱

뜻 붉을　　소리 주

朱(주)는 떠오르는 아침 해의 빛깔과 같은
'누런빛이 조금 섞인 붉은색'을 뜻해요.

또박또박 읽고 색칠해 보세요.

뜻	소리	뜻+소리
朱	朱	朱
붉을	주	붉을 주
○○○	△△△	□□□

2단계 : **차근차근 쓰기**

총 6획 ▶ 朱 朱 朱 朱 朱 朱

朱	朱	朱	朱	朱	朱
붉을 주	붉을 주	붉을 주	붉을 주	붉을 주	붉을 주
붉을 주	붉을 주	붉을 주	붉을 (　　)	붉을 (　　)	붉을 (　　)

3단계 : **두근두근 어휘력 키우기**

朱(주)와 다른 글자가 합쳐진 낱말을 보고 문장에서 찾아 ○ 해 보세요.

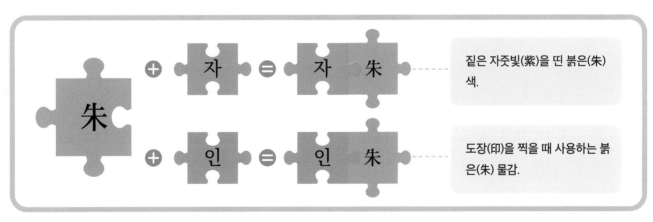

朱 + 자 = 자朱 　　짙은 자줏빛(紫)을 띤 붉은(朱)색.

朱 + 인 = 인朱 　　도장(印)을 찍을 때 사용하는 붉은(朱) 물감.

❋ 자주(紫朱)색 옷을 입고 친구를 만나러 갔습니다.

❋ 두 사람이 각자 인주(印朱)를 묻혀 도장을 찍었습니다.

1단계 ：또박또박 읽기

붉을 홍

紅(홍)은 '짙고 선명한 붉은색'을 뜻해요.

또박또박 읽고 색칠해 보세요.

뜻	소리	뜻+소리
紅	紅	紅
붉을	홍	붉을 홍
	△△△	□□□

2단계 : 차근차근 쓰기

총 9획 ▶ 紅 紅 紅 紅 紅 紅 紅 紅 紅

紅	紅	紅	紅	紅	紅
붉을 홍	붉을 홍	붉을 홍	붉을 홍	붉을 홍	붉을 홍
붉을 홍	붉을 홍	붉을 홍	붉을 (　　)	붉을 (　　)	붉을 (　　)

3단계 : 두근두근 어휘력 키우기

紅(홍)이 들어간 문장이 자연스럽게 이어지도록 선을 그어 보세요.

우리 가족은 홍시(紅柹)를　●　　　●　분홍(粉紅)색이 됩니다.

붉은색에 흰색을 섞으면　●　　　●　즐겨 먹습니다.

· 홍시(紅柹): 붉고(紅) 말랑말랑하게 무르익은 감(柹).
· 분홍(粉紅): 가루(粉) 같은 흰빛이 섞인 붉은(紅) 빛깔.

1단계 : 또박또박 읽기

黃

뜻 누를   소리 황

黃(황)은 잘 익은 벼나 황금의 빛깔과 같은 '누른빛'을 뜻해요.

또박또박 읽고 색칠해 보세요.

뜻	소리	뜻+소리
黃	黃	黃
누를	황	누를 황

2단계 : 차근차근 쓰기

총 12획 → 黃黃黃黃黃黃黃黃黃黃黃黃黃
黃

黃	黃	黃	黃	黃	黃
누를 황	누를 황	누를 황	누를 황	누를 황	누를 황
누를 황	누를 황	누를 황	누를 ( )	누를 ( )	누를 ( )

3단계 : 두근두근 어휘력 키우기

黃(황)이 들어간 낱말을 살펴보고 문장에서 찾아 ○ 해 보세요.

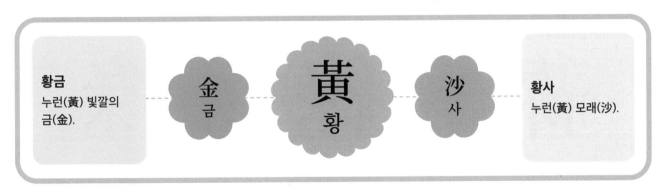

황금
누런(黃) 빛깔의 금(金).

金 금 — 黃 황 — 沙 사

황사
누런(黃) 모래(沙).

✤ 황금(黃金) 같은 주말을 가족과 즐겁게 보냈습니다.

✤ 봄철에 황사(黃沙)가 심할 때는 외출을 줄이는 것이 좋습니다.

1단계 또박또박 읽기

뜻 푸를 | 소리 녹

綠(녹)은 자연 속의 풀의 빛깔과 같은 '푸른색'을 뜻해요.

또박또박 읽고 색칠해 보세요.

뜻	소리	뜻+소리
綠	綠	綠
푸를	녹(록)	푸를 녹
○○○	△△△	□□□

2단계 : 차근차근 쓰기

총 14획

綠 綠 綠 綠 綠 綠 綠 綠 綠 綠 綠
綠 綠 綠

綠	綠	綠	綠	綠	綠
푸를 녹	푸를 녹	푸를 녹	푸를 녹	푸를 녹	푸를 녹
푸를 녹	푸를 녹	푸를 녹	푸를 ( )	푸를 ( )	푸를 ( )

3단계 : 두근두근 어휘력 키우기

綠(녹)과 다른 글자가 합쳐진 낱말을 보고 문장에서 찾아 ○ 해 보세요.

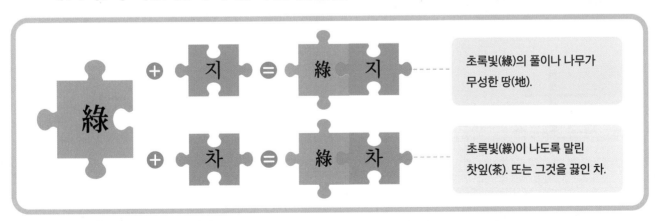

綠 + 지 = 綠 지
초록빛(綠)의 풀이나 나무가 무성한 땅(地).

綠 + 차 = 綠 차
초록빛(綠)이 나도록 말린 찻잎(茶). 또는 그것을 끓인 차.

❉ 도심 속의 녹지(綠地)를 가꾸고 보존하려는 노력이 필요합니다.

❉ 우리 엄마는 커피보다 녹차(綠茶)를 좋아하십니다.

1단계 : 또박또박 읽기

| 뜻 구슬 | 소리 옥 |

玉(옥)은 흐린 초록색의 빛이 곱고 모양이 아름다운 '옥'을 뜻해요.

또박또박 읽고 색칠해 보세요.

뜻	소리	뜻+소리

구슬	옥	구슬 옥
○○○	△△△	□□□

2단계 : **차근차근 쓰기**

총 5획	玉 玉 玉 玉 玉

玉	玉	玉	玉	玉	玉
구슬 옥	구슬 옥	구슬 옥	구슬 옥	구슬 옥	구슬 옥
구슬 옥	구슬 옥	구슬 옥	구슬 ( )	구슬 ( )	구슬 ( )

3단계 : **두근두근 어휘력 키우기**

玉(옥)이 들어간 문장이 자연스럽게 이어지도록 선을 그어 보세요.

작가가 주옥(珠玉)과 같은 •

• 옥동자(玉童子)를 낳으셨습니다.

이웃 아주머니가 •

• 작품을 완성하였습니다.

· 주옥(珠玉): 구슬(珠)과 옥(玉)을 통틀어 이르는 말이자 아름답고 귀한 것을 빗대어 이르는 말.
· 옥동자(玉童子): 옥(玉)처럼 귀한 어린(童)아이(子).

1단계 : 또박또박 읽기

뜻 푸를　　소리 청

青(청)은 맑은 가을 하늘의 색과 같은
'밝고 뚜렷한 푸른색'을 뜻해요.

또박또박 읽고 색칠해 보세요.

뜻

青

푸를

소리

青

청

뜻+소리

青

푸를 청

2단계 : 차근차근 쓰기

총 8획 靑 靑 靑 靑 靑 靑 靑 靑

靑	靑	靑	靑	靑	靑
푸를 청	푸를 청	푸를 청	푸를 청	푸를 청	푸를 청
푸를 청	푸를 청	푸를 청	푸를 ( )	푸를 ( )	푸를 ( )

3단계 : 두근두근 어휘력 키우기

靑(청)이 들어간 낱말을 살펴보고 문장에서 찾아 ○ 해 보세요.

청소년
푸른(靑) 나이(年)
인 청년과 적은(少)
나이인 소년을
아울러 이르는 말.

少年
소년

靑
청

葡萄
포도

청포도
다 익어도
빛깔이 푸른(靑)
포도(葡萄) 종류를
통틀어 이르는 말.

❀ 청소년(靑少年)은 미래의 주인공입니다.

❀ 온 가족이 식탁에 둘러앉아 청포도(靑葡萄)를 맛있게 먹었습니다.

뜻과 소리 연결하기

色부터 靑까지 한자를 즐겁게 공부하는 시간이에요.
왼쪽의 한자를 잘 보고 알맞은 뜻과 소리를 찾아 연결해 보세요.

赤 •

綠 •

白 •

紅 •

黃 •

• 붉을 홍

• 누를 황

• 흰 백

• 붉을 적

• 푸를 녹

알맞은 낱말 색칠하기

두근두근 낱말 하트예요.
色부터 靑까지 색깔 한자가 들어간 하트를 찾아 색칠해 보세요.

칠黑   紅시   영語

平등   色상

靑포도   門패   불사鳥

한字   주玉

한 권으로 끝내는 문해력 첫 한자

3단계 8~9세

초판 1쇄 발행 2022년 4월 1일

지은이 전기현
그린이 꽃비
펴낸이 민혜영
펴낸곳 (주)카시오페아 출판사
주소 서울시 마포구 월드컵로 14길 56, 2층
전화 02-303-5580 | 팩스 02-2179-8768
홈페이지 www.cassiopeiabook.com | 전자우편 editor@cassiopeiabook.com
출판등록 2012년 12월 27일 제2014-000277호
책임편집 최유진, 진다영 | 책임디자인 최예슬
편집 최유진, 이수민, 진다영, 공하연 | 디자인 이성희, 최예슬 | 마케팅 허경아, 홍수연, 변승주

ⓒ전기현, 2022
ISBN 979-11-6827-027-5 63710

- 잘못된 책은 구입하신 곳에서 바꿔 드립니다.
- 책값은 뒤표지에 있습니다.